W0247791

Pierre Stutz

# Gelassen sein

# Inhalt

## Zur Einstimmung

„Wenn ich endlich gelassener wäre …!" Oft höre ich als spiritueller Begleiter diesen Satz, in meinen Mystikseminaren und in Einzelgesprächen. Unsere Sehnsucht ist groß, gelassener sein zu können, weil wir im Alltag nicht gelebt werden wollen, weil wir selbst leben wollen. Zum Glück ist diese Sehnsucht groß! Zehn Jahre sind es her, seit ich in diesem Buch meine Gedanken zu einer leidenschaftlichen Gelassenheit aufgeschrieben habe. Sie sind noch aktueller geworden, denn viele verwechseln Gelassenheit inzwischen mit dem überfordenden Diktat, endlich über den Dingen stehen zu können. Das Wort „Gelassenheit" stammt vom Mystiker Meister Eckhart (1260–1328). Er bringt es in Verbindung mit einer Selbsterkenntnis, die nicht um sich selbst kreist, sondern in allem den verbindenden Lebensatem Gottes erahnt, der uns über

uns selbst hinauswachsen lässt. Im Hineinwachsen in dieses Urvertrauen kann sich eine
kreative Lebenskunst entfalten – als lebens-
lange Spannung von Zupacken und Gesche-
henlassen. Gelassen sein, das ist nicht nur das
Lassen, sondern zuerst einmal das Sich-Ein-
lassen.

Geerdete Gelassenheit ermutigt uns, wahrzunehmen, was ist, ohne es immer gleich schon
bewerten zu müssen. So können wir im Schö-
nen und im Widersprüchlichen die göttliche
Vertrauensspur erkennen.

Die Psychotherapeutin Alice Holzhey, Mit-
begründerin des Daseinsanalytischen Semi-
nars in Zürich, erläutert in einen bemerkens-
werten Artikel („Psychologie heute" 6/2008),
was unsere Seele wirklich gesund hält: die
Kunst, einen angemessenen Umgang mit unseren Gefühlen einzuüben. Sie zeigt, dass wir
so genannte negative Gefühle wie Ängste,
Scham- und Schuldgefühle, Depressionen, Ei-
fersucht oder Wut nicht aus unserem Leben

verbannen sollen und können: „Etwas fühlen heißt also immer, sich von etwas berühren zu lassen, sich etwas nahe gehen zu lassen. Fühlen steht gegen das unbeteiligte Beobachten. Etwas fühlen hat also viel mit sich auf etwas einlassen zu tun." Sie verweist auf die Forschungsergebnisse der Emotionsforscher, die den Gefühlen eine eigene Rationalität zu gestehen – Gefühle haben ihren Grund, und sie zeigen uns auf, was uns wichtig ist.

Diese Erkenntnis und Grundhaltung entfalte ich den folgenden Meditationen zum Gelassensein. Sie können dazu helfen, dass wir unsere Gefühle wahrnehmen und sie anerkennen. Und sie ermutigen, der Verwandlungskraft in unserem Leben mehr zu vertrauen. Diese Kraft ist da, die Verwandlung ereignet sich, wenn wir befreiend erfahren, dass wir mehr sind als unsere Gedanken, unsere Gefühle und unsere Leistung: gesegnet vor allem Tun.

*Lausanne, 11. Januar 2010*          *Pierre Stutz*

# 1. In Zeiten hoher Belastung Momente des Innehaltens fördern

In Zeiten hoher Belastung
in denen ich mich überfordert fühle
und meine Arbeitsmotivation sinkt
weil der Druck der Sachzwänge
von Tag zu Tag zunimmt
da suche ich vermehrt
den Zugang zu meinen Ressourcen
im Einüben des bewussten
Ein- und Ausatmens

In Zeiten hoher Belastung
in denen sich in mir und um mich herum
eine Unzufriedenheit ausbreitet
und ich vor allem wahrnehme
was schwierig ist in meinen Beziehungen
und mir die Kraft fehlt
dem Lebensfördernden mehr
Gewicht zu verleihen
da nehme ich mir stündlich Zeit

um die Achtsamkeit zu entfalten
auf all das was mir gut tut und
was ich brauche zum Leben
In Zeiten hoher Belastung
in denen ich den Kontakt zu mir verliere
und mich dann wie abgeschnitten fühle
von den anderen und meiner Mitwelt
weil ich zu sehr Lösungen außen suche
und zu wenig den Mut habe
in mich zu schauen
um mich erlösen zu lassen
vom Irrtum alles selber tun zu müssen
da gebe ich im bewussten Bodenkontakt
Druck ab

Einatmend
spüre ich Gott als Grund
der mich trägt und aufrichtet

Ausatmend
spüre ich, dass ich leichter werde
weil es nicht nur von mir abhängt

Einatmend
wachse ich ins Selbstvertrauen hinein

Ausatmend
fließt meine Lebensenergie neu

*Druck abgeben – Selbstwert entwickeln*

Je mehr ich gefordert bin, umso mehr brauche ich eine gute, gesunde Distanz zu den Ereignissen. Es gehört zur Tragik unserer westlichen Kultur, dass wir uns zu wenig Zeit nehmen, um Kraft zu schöpfen. Gerade in den Momenten unseres Lebens, in denen wir es besonders nötig haben, entziehen wir uns noch mehr die Möglichkeiten des Auftankens.
Je mehr ich an meine körperlich-geistig-seelischen Grenzen komme und Panik mich einholt, umso mehr brauche ich die Kraft des Innehaltens, des Augenschließens, des tiefen Aufatmens. Nicht, um hinter meinen Entfaltungsmöglichkeiten zurückzubleiben, sondern

um an meine eigenen Ressourcen zu gelangen. In diesem Begriff steckt das französische Wort „source" = Quelle: und es sind Quellen der Kreativität, des Mitfühlens, der Entschiedenheit, die ich in mir entdecke.

Ich nenne dies einen mystischen Weg der engagierten Gelassenheit. Denn der Ursprung des Wortes „Mystik" stammt vom griechischen Verb „myein", was bedeutet: die Augen schließen, um nach innen zu schauen. Nicht etwa um mich zu verschließen oder gar abzutrennen von den anderen und von den Anforderungen. Im Gegenteil: um den tieferen Zusammenhang mit allem neu zu entdecken. Es bedeutet auch, bei zunehmendem Druck nicht noch mehr allein vom Willen her zu leben, sondern auch der Intuition, der inneren Stimme zu trauen. Bei zunehmenden Sachzwängen und Belastungen verstärkt sich bei vielen die Gewissheit, jetzt sicher keine Zeit zur Muße mehr zu haben. Die Gefahr ist groß, sich dadurch noch mehr in den Ereignissen zu verlieren, gelebt zu werden, anstatt selbst zu leben. Mystikerinnen und Mystiker der verschiedenen Religionen, die mir zu Vorbildern geworden sind, zeigen einen anderen Weg. Sie ermutigen, in Zeiten hoher Belastungen sich erst recht Oasen der Stille, des Rückzugs zu schaffen, um daran wachsen und reifen zu können und nicht zu zerbrechen. Dieser Weg beinhaltet die Aufforderung, sich selber besser kennen zu lernen und das eigene Selbstwertgefühl zu stärken, indem ich lerne, meine Gaben einzubringen und meine Grenzen anzumelden. Um darin aber auch nicht um mich selber zu kreisen, um meine Lebensaufgabe verwirklichen zu können, braucht es auf diesem Weg der Selbstfindung zugleich die Gabe des Absehens von sich selber, des Sichlassens. Meister Eckhart bringt diese zweifache Bewegung freundlich und klar so zum Ausdruck:

„Richte dein Augenmerk auf dich selbst,
und wo du dich findest,
da lass ab von dir;
das ist das Allerbeste."[1]

Bei zunehmender Belastung einen Weg der engagierten Gelassenheit zu gehen, bedeutet, dass ich mir innere und äußere Räume schaffe, in denen ich Distanz herstelle zum Alltag, um so zu merken, was in und um mich herum vor sich geht. Bei zunehmendem Druck ist es wichtig, wahrzunehmen, ob ich mich in der Opferrolle verliere und/oder Druck ungerecht weitergebe und den Sündenbockmechanismus verstärke. Dazu brauche ich inneren und äußeren Abstand, Zeit, innezuhalten.

Der mystische Weg zeigt außerdem eine dritte Möglichkeit auf. Es ist die Zumutung, bei sich selber anzufangen. Denn ich kann die anderen nicht verändern; ich kann jedoch einen anderen, erlösenden Zugang zu ihnen

und den gestellten Problemen finden, wenn
ich beharrlich-gelassen in Spannungen diesen
dritten Weg suche, der den Druck, die Eskalation, die Spirale der Ohnmacht durchbricht.
Auch dazu braucht es Raum und Zeit. Es lohnt
sich, sie zu erkämpfen und zu investieren.
Meine langjährige Erfahrung als spiritueller
Begleiter von Menschen lässt keinen Zweifel
aufkommen: Menschen, die die lebensbehindernden Mechanismen durchbrechen können, indem sie alltäglich ein Ritual des Zu-
sich-selber-Kommens entfalten, leben und
arbeiten effizienter und kreativer und tragen
zu einer menschlicheren Atmosphäre am Arbeitsplatz und zu Hause bei. Zugleich werden sie solidarischer und mitfühlender, weil
sie, mühsam und befreiend zugleich, sich selber und die Signale ihres Körpers ernst nehmen. Auf diesem Weg der Achtsamkeit können auch Träume wegweisend sein. Ein
schönes Schreibheft neben meinem Bett, in
das ich beim Erwachen meine Träume auf-

schreiben kann, ist eine Möglichkeit, mein Inneres besser kennenzulernen. In diesem Sinne wollen die folgenden Übungen eine Hilfe sein, das Augenmerk auf sich selber zu richten und sich zugleich (los-)lassen zu können.

Gelassen der Mensch
der sich lassen kann
weil er alltäglich einübt
sich nicht zu überschätzen
sondern seine Gaben und Grenzen
kennen lernt und annimmt

Gelassen der Mensch
der sich lassen kann
weil er aus der tiefen Solidarität lebt
nie Einzelner zu sein oder Einzelne
sondern immer Teil eines Ganzen

So wird er mitgestalten
an einer Welt

wo die Menschen weder
in der Opferrolle bleiben
noch Sündenböcke suchen
sondern selbstbewusst den
aufrechten Gang einüben
zum Wohle aller

## Schritte zu mehr Gelassenheit

### *Bei zunehmendem Druck:*
### *sich nicht in der Opferrolle verlieren*

Zeiten hoher Belastung bringen die Gefahr
mit sich, dass ich irgendwann unbewusst die
Verantwortung für das Geschehen abgebe –
und dadurch den Zugang zu meinen Lebens-
energien verschließe. Ich lasse geschehen,
mache zu und lasse Entscheidungen über
mich ergehen; das bedeutet letztlich, dass ich
mich in der Opferrolle verliere. Anstatt mein

Selbstvertrauen zu fördern und achtsam wahrzunehmen, was vor sich geht, gebe ich den anderen zuviel Macht und bleibe hinter meinen Entfaltungsmöglichkeiten zurück.

Mir selbst geht das so: Wenn die Sachzwänge und die Belastung in unserem Hausteam der offenen Klostergemeinschaft zunehmen, dann achte ich darauf, in welcher Haltung ich darin bin. Gelassenheit ist es gerade nicht, wenn ich mich einfach zurücknehme und mich innerlich distanziere; vielmehr blockiert diese Indifferenz. Sie führt meistens dazu, dass ich die Schuld den anderen zuweise, wenn Fehlentscheidungen sich zeigen. Ein gelassener Mensch nimmt sein Leben in die Hand, weil er weiß, dass er letztlich getragen ist. Ein gelassener Mensch sucht Beratung, wenn er spürt, dass er sich von Autoritäten beeindrucken lässt und die Ursachen für den Druck einseitig nur bei ihnen sucht. Natürlich können wir nicht immer mitentscheiden im Leben. Natürlich werden oft über unsere Köpfe hinweg Entscheidungen getroffen, die wir scheinbar „ausbaden" müssen. Dies will ich nicht beschönigen. Doch es liegt da die große Gefahr, dass ich meine Würde verliere und ein Leben lang Opfer dieser Fremdbestimmung bleibe. Es stellt sich dann die Frage: aushalten oder aufbrechen? Beides kann Flucht sein.

Eine einfache Übung, das stündliche tiefe Ein- und Ausatmen, legt mir die Spur, an der ich erkenne, wie der nächste Schritt aussehen soll:

– Hilfe suchen und mich beraten lassen?
– Bewusstes Suchen meiner Wachstumschance, meiner Persönlichkeitsreifung? Auch wenn ich anfangs nicht viel ändern kann, so ist die Entscheidung zum bewussten Aushalten dieser Spannung schon ein erster Schritt, um aus der Opferrolle hinauszuwachsen.
– Nach Lösungen suchen, um Alternativen, örtliche Veränderungen zu wagen? Distanz in Beziehungen wagen?

Engagierte Gelassenheit wächst, wenn ich zunächst wahrnehme, was in und um mich herum vorgeht. Denn nur so kann ich wirklich das (Los-)Lassen einüben, indem ich auf meine Ressourcen, meine Lebenskräfte achte.

*Bei zunehmendem Druck: sich nicht im Sündenbockmechanismus verlieren*

Das Prinzip ist bekannt: je mehr Druck von oben kommt, umso mehr geben wir ihn weiter nach unten. In Zeiten hoher Belastung richte ich mein Augenmerk auf mich selbst und überprüfe, wie ich mit den Menschen um mich herum umgehe. Ohne zu wollen, reagiere ich an ihnen vielleicht ab, was gar nichts mit ihnen zu tun hat. So werden sie zum Sündenbock meiner unbefriedigenden Situation. Die Gefahr der Eskalation liegt nahe, wenn ich überfordert bin. Ich bin darum zu meinem Wohle und zum Wohle der Atmosphäre verpflichtet, mir Freiräume zu schaffen. Dies ist kein egoistisches Tun, sondern verantwortungsvolles Handeln, um nicht unbewusst Druck an jene weiterzugeben, bei denen ich es mir erlauben kann, weil sie mir nahe sind und mich glücklicherweise auch mit meinen Schattenseiten annehmen. Auch bei Schwächeren sind wir geneigt, ungerecht Druck abzuladen. Auf der gesellschaftlichen Ebene ist der zunehmende Rassismus ein klares Beispiel dafür, wie Fremde zum Sündenbock werden für all unsere ungelösten Probleme – weil wir uns zu wenig mit Rückgrat der zunehmenden Ungleichheit und auch Armut entgegenstellen. Der Sündenbockmechanismus setzt oft auch ein bei Menschen, die mir unsympathisch sind oder mit denen ich mich schwer tue.

„Liebe deinen Nächsten, denn er ist wie du!", übersetzt Martin Buber das doppelte Liebesgebot aus der Bibel. Es hilft mir, die Spirale des Sündenbockmechanismus zu überwinden. Es bedeutet, das, was mich stört beim andern, auch in mir zu entdecken; es bedeutet, bei mir anzufangen, die Unzufriedenheit, die Überforderung, die Ängste wahrzunehmen. Es bedeutet, die Tür zu meinen Gefühlen zu öffnen und, falls ich den Schlüssel verloren habe – was für uns Männer oft zutrifft –, ihn mit Nachdruck und Behutsamkeit zu suchen: indem ich Momente des Innehaltens fördere, die mir helfen, meine Motivation und meinen Umgang mit mir und anderen zu überprüfen.

Gelassen der Mensch
der seine Gefühle wahrnimmt
damit er nicht von ihnen bestimmt wird
sondern sie gestalten kann
um Unrechtsmechanismen zu durchbrechen
und eine menschlichere Atmosphäre
zu fördern
durch dich atmender Geist Gottes

## *Bei zunehmendem Druck: das Selbstvertrauen stärken*

In der biblischen Tobitgeschichte steht eine wegweisende Episode zum Umgang mit Druck. Tobias begibt sich auf eine schwierige Reise, und er sucht und findet einen Begleiter, der ihn unterstützen wird bei den Gefahren, die auf ihn warten. Unterwegs, beim Baden im Meer, kommt ein großer Fisch auf Tobias zu. Sein Begleiter verlässt das sichere Ufer nicht, sondern bestärkt Tobias in seinem Selbstvertrauen. Er ruft ihm zu: „Ergreife den Fisch und lass ihn nicht los!" (Tobit 6,4). Der Begleiter löst die Probleme des Tobias nicht für ihn – und erst im Nachhinein gibt er sich als Engel Rafael zu erkennen. Er traut Tobias zu, sich wehren zu können, und bestärkt ihn darin, zuzupacken. – Ich sehe in dem Fisch auch das Ungreifbare, das Undefinierbare im Leben. Bevor wir es (los-)lassen können, müssen wir uns darauf einlassen. Mit zunehmendem Druck brauchen wir jemanden von außen, der uns bestärkt, uns den Problemen zu stellen, um darin den Schlüssel für mehr Lebensqualität zu entdecken. Beim bewussten Annehmen von Hilfe können wir die Angst überwinden, dadurch Unabhängigkeit zu verlieren. Beim zunehmenden Druck sich Hilfe zu holen, ist für mich kein Zeichen von Schwäche, sondern von Stärke, von gesunder Selbsteinschätzung. Hilfe zur Selbsthilfe bedeutet außerdem: sich Formen, Übungen, Rituale im Alltag zu schaffen, in denen es gelingt, auf die innere Stimme in sich zu hören. Sie bestärkt: „Hab Vertrauen, pack zu, es wird dir gelingen!" Hilfe annehmen zu können, sein Selbstvertrauen zu stärken führt dazu, sich dem Leben stellen zu können.

# Meditationen zum Gelassenwerden

## *Morgens*

Beim Aufstehen
mich nicht im Druck verlieren
schon weiter sein zu müssen
dastehen
den Boden spüren
der mich den ganzen Tag
hindurch tragen wird
uraltes Bild von Gott
der tragender Grund ist
in meinem Leben

Beim Aufstehen
stehen bleiben
zu mir stehen
im Ein- und Ausatmen
jene Quelle in mir entdecken
die mich den Tag hindurch

inspirieren wird
um mit Kreativität
mit Effizienz
menschliche Lösungsansätze
in scheinbar unlösbaren Fragen
zu entdecken

Beim Aufstehen
meinem Lebensentwurf trauen
im Vertrauen in die Kraft der Gegenwart
denn nur so werde ich
auch in der Zukunft
die nötige Lebenskraft finden
um Sachzwängen und Belastungen
gelassener zu begegnen
dank dir

*Mittags – den Tag hindurch*

Dasitzen
tief ein- und ausatmen
meine Auflageflächen wahrnehmen

meine Füße mit jedem Ausatmen
noch mehr wirklich auf dem Boden
niederlassen
und dabei Druck abgeben
weil ich nicht alles im Kopf
und in meinem Schulterbereich festhalten
muss

Dasitzen
vor der nächsten Anforderung
mir einen Moment des Innehaltens
gönnen
meine Auflageflächen wahrnehmen
meinen Beckenraum
noch mehr wirklich auf dem Stuhl
niederlassen
und dabei Druck abgeben
in meine verkrampften Stellen
hineinatmen
einfach so gut es geht
mit Wohlwollen und Bestimmtheit
Dasitzen

mein Selbstvertrauen stärken
in der Dankbarkeit dem Leben gegenüber
im tiefen Ein- und Ausatmen spüren
was mir Kraft schenkt
was mir gut tut
was gelungen ist seit heute Morgen
darin das Wirken Gottes erahnen
um achtsamer mich neu einzulassen
auf die Anforderungen des Lebens

\*\*\*

In der Mittagspause
vor dem Essen
einen Moment mich bewegen
Nahrung an Leib und Seele erhalten
dastehen
dasitzen
daliegen
jene Bewegungen mir gönnen
die gut tun
mich erfrischen

Meine Hände ausschütteln
meinen ganzen Leib lockern
tief ein- und ausatmen
gähnen
stöhnen
mich strecken
aus Liebe zum Leben
aus Liebe zu mir
aus Liebe zu den kommenden
Begegnungen

Mich bewegen lassen
durch dich
tiefster Beweggrund
all meiner Arbeit
und erst recht
Beweggrund all meines Seins

## Abends

Mir Raum zum Loslassen schaffen
mich ausgestreckt auf den Boden legen
den Druck des ganzen Tages abgeben
dir überlassen

Das richtige Lot finden
mein Selbstwertgefühl entfalten
indem ich der Kraft des Entspannens traue
tief ein- und ausatme
um mich noch tiefer auf den Boden
niederzulassen
dabei den tiefsten Grund meines Daseins
erfahren

Sein dürfen vor aller Leistung

Das Kraftvolle des Tages noch einmal
genießen
von Kopf bis Fuß Dankbarkeit spüren
wie das Leben ein Geschenk ist

das darf ich auch in schwierigen Zeiten
spüren

Das Mühsame des Tages noch einmal
erleben
in die Spannungen hineinatmen
um die Verkrampfungen auflösen zu
lassen

Beides
das Lustvolle und Unangenehme
versuchen loszulassen
um innere Ruhe zu finden
vertrauend
dass dein Geist
auch im Schlaf in mir atmend
mich entspannt
mich stärkt
mich mit Schöpfung und Kosmos
verbindet

Gelassen einfach sein dürfen

## 2. In Zeiten der Verunsicherung Boden unter den Füßen spüren

In Zeiten der Verunsicherung
in denen Vertrautes nicht mehr trägt
und Neues noch nicht in Sichtweite ist
lerne ich meiner Intuition zu trauen
dem Hier und Jetzt
schenke ich meine Aufmerksamkeit
weil sich darin der nächste Schritt
meiner Zukunft abzeichnet

In Zeiten der Verunsicherung
in denen ich noch nicht ausdrücken kann
was sich in mir ereignet
und ich mich selber schwer tue mit mir
da traue ich meinem Boden unter den
Füssen
Bild jenes wohlwollenden Gottes
der durchträgt und zu
neuen Lebensperspektiven führt

In Zeiten der Verunsicherung
in denen ich mich in Kleinlichkeiten
verliere
und dabei die großen Zusammenhänge
nicht mehr
wahrnehme
erinnere ich mich an Momente der
Standhaftigkeit
die mich befreit haben vom Druck
es allen recht machen zu wollen

Einatmend spüre ich mich mit Leib
und Seele
damit meine Gedanken
geerdet
verwurzelt
eingebunden werden
in die weltweite Gemeinschaft
von Frauen und Männern
die alltäglich für mehr Menschlichkeit
am Arbeitsplatz einstehen

Ausatmend
gebe ich den Druck ab
alles im Griff haben zu müssen
so vertraue ich der Lebendigkeit in mir
ich spüre Boden unter meinen Füssen
der mir ermöglicht in aller Ungewissheit
meinen Beziehungen zu trauen
darin atmest du
schöpferischer Geist Gottes

*Unsicherheiten aushalten –*
*Identität wachsen lassen*

Zeiten der Verunsicherung bergen eine große
Chance in sich. Da regt sich etwas in uns, was
uns selbst neu ist, unvertraut, was wir an uns
noch gar nicht so kennen. Da spüren wir in
ganz verschiedenen Situationen und Begegnungen unseres Lebens, dass Überzeugungen
und Verhaltensweisen, die uns bisher Halt ge-
geben haben im Leben, nicht mehr tragen.
Zunächst überspielen wir diese Unsicherheit

oft, weil wir fürchten, unsere Glaubwürdigkeit, unsere Identität ein Stück zu verlieren. Wenn ich diese Angst kenne, kann ich sie ernst nehmen. Zugleich versuche ich Verunsicherungen als Boten meiner Seele zu verstehen, die mich behutsam-bestimmt auffordern, Seiten in mir zu erlösen, verwandeln zu lassen, die zu sehr in meinem Kopf und zu wenig in meinem ganzen Sein integriert sind. Denn die Seele ist nach C. G. Jung „das Lebendige im Menschen, das aus sich selbst Lebende und Lebenverursachende".[2]

Dieser lebendige Kern in uns setzt alles daran, uns authentischer werden zu lassen. Wenn wir diese innere Wirklichkeit nicht ernst nehmen, entstehen Alarmsignale wie die Rebellion unseres Körpers, der Schrei unserer Psyche: damit wir uns zu Wendezeiten im Leben bewegen lassen. Sie sind da, um echter, menschlicher zu werden, um mehr aus dem inneren Feuer heraus das Leben zu gestalten.

Ich kenne keine Biographie eines großes Meisters, einer wegweisenden Mystikerin, einer faszinierenden Künstlerin, eines glaubwürdigen Politikers, der echte Autorität ausstrahlt, die nicht auch Verunsicherungen, Krisen und Unterbrechungen aufweist. Verunsicherungen sind da in unserem Leben, damit wir mehr wir selbst werden. „Heilig werden heißt, sich selbst werden", sagt der Mystiker Thomas Merton. Diese Lebensweisheit findet sich auch im Leben des Papstes Johannes XXIII., der 1959 das II. Vatikanische Konzil einberufen hat, um die Offenheit in der katholischen Tradition zu fördern. Auch er ermutigt dazu, „sich selbst zu werden":

„Ich muss nicht die kümmerliche Reproduktion eines noch so vollendeten Typs sein. Ich muss mich so heiligen, wie es mein Wesen, mein Charakter, meine verschiedenen Lebensbedingungen verlangen. Gott braucht keine Kopien, sondern Originale."

Solche Lebensgrundhaltungen helfen mir in Zeiten der Verunsicherung, gelassen zu werden. Sie fordern mich allerdings heraus, auch den Schmerz in meinem Leben annehmen zu können. Ich brauche ihn nicht krampfhaft zu suchen und ihn weder zu verherrlichen noch zu beschönigen. Da, wo Schmerz sich zeigt, wo er unaufhaltsam zu einer Veränderung in meinem Leben drängt, da versuche ich voll ringender Gelassenheit zu vertrauen, dass sich eine neue Lebensqualität, ein echtes Vertiefen meiner Identität anbahnt. Denn „aus dem Leiden der Seele geht jede Schöpfung hervor", schreibt C. G. Jung. Selbstwerdung muss durchlebt und durchlitten werden, wenn sie an Ausstrahlung und Überzeugungskraft gewinnen will. Wenn wir uns in unseren Beziehungen, in unserem Arbeitsumfeld, im ehrenamtlichen Engagement über längere Zeit nur vom „guten Willen" her motivieren können und zu wenig aus unserer inneren Lebenskraft heraus, dann spüren wir zurecht, dass etwas nicht stimmt, ohne vorerst genau zu wissen, was es ist. Geerdete Gelassenheit nimmt diese Signale von Leib und Seele wahr und verschafft ihnen Ausdrucksmöglichkeiten im Vertrauen, daran wachsen und reifen zu können. Wenn ich das Chaotische, Zerrissene in mir ernst nehme und mich ihm stelle, kann ich darin den Zuspruch hören, jene innere Freiheit in mir zu wecken, die Anerkennung nicht nur außen sucht. Leicht ist es nicht, auf diese äußere Anerkennung – und sei es zunächst nur in Gedanken – zu verzichten. Es braucht dazu viel Geduld und Wohlwollen, benennen zu können, was mich herumtreibt und nicht schlafen lässt.

In vielen Märchen werden Menschen in Zeiten der Verunsicherung, in den chaotischen Stimmungen ihres Lebens ermutigt, dieses Gefühl zu benennen. Denn solange es keinen Namen hat, bestimmt es uns zu sehr: wir sind ihm ausgeliefert. Gelassener werden wir, wenn wir es einordnen können in unsere persönliche Geschichte, Sozialisation, unser gesellschaftlich-kulturell-politisches Umfeld. Dadurch sind unsere Probleme noch nicht gelöst, doch im Benennen von Unsicherheiten können wir lernen mit ihnen umzugehen und sie auch anderen mitzuteilen – um meistens zu erfahren, dass diese Sache nicht allein mit uns zu tun hat und andere auch mit solchen Schwierigkeiten ringen.

In den Worten Jesu, in seiner Seligpreisung „Selig, die hungern und dürsten nach der Gerechtigkeit, denn sie werden gesättigt werden" (Matthäus 5,6) erfahre ich Zurufe, die mich Verunsicherungen aushalten lassen. Denn die Seligpreisungen strahlen eine kraftvolle Lebensweisheit aus: Deine Schwächen werden zu Stärken, deine Wunden zu Perlen, deine Verunsicherungen zu identitätsstiftenden Chancen. Allerdings nur, wenn du in dir und um dich herum Räume eröffnest, die mit wohlwollender Entschiedenheit einen Rahmen bieten, in dem du auch mit anderen einüben kannst, deine Verunsicherungen nicht mehr zu überspielen und zu verstecken, sondern zu lernen, was sie dir sagen möchten, um authentischer werden zu können.

Menschen, die entschieden und lautstark keine andere Meinung gelten lassen, scheinen nach außen sicher; meist ist es jedoch ihre Unsicherheit, die sie intolerant und engstirnig werden lässt. Aus Angst, ihre Identität, ihre Eigenart zu verlieren, bekämpfen sie nach außen, was in ihnen noch mehr vertieft werden möchte. Echte Identität wächst im Lernen eines gelassenen Umgangs mit der Verunsicherung. Menschen, die in Einklang sind mit sich selber – ganz gelingt es uns nie! –, sind toleranter, ohne dadurch ihr Profil zu verlieren. Das ist ein identitätsstiftender Prozess, und in den Meditationen und Übungen auf den folgenden Seiten wird er konkret in Verbindung mit drei Urwünschen, die sich in vielen Märchen, Mythen und auch heiligen Schriften verschiedener Religionen entdecken lassen. Es sind die drei Wünsche nach Anerkennung, Verwandlung und Verwurzelung.

Gelassen der Mensch
der in der Verunsicherung
die Chance entdeckt
authentischer werden zu können
im Lernen einzufordern
was es wirklich zum Leben braucht

Gelassen der Mensch
der in den Unterbrechungen seines
Lebens
die Aufforderung zum Durchbruch
zu mehr Lebendigkeit erahnt
die zum Wohle aller sich weisen wird

Gelassen der Mensch
der auf seine Seele achtet
weil sie uns auch durch den Leib
zu Wendezeiten im Leben ruft
um mehr aus innerer Freiheit
im Leben stehen zu können

# Schritte zu mehr Gelassenheit

### *Den Urwunsch nach Anerkennung und Ansehen wach halten*

Kein Mensch kann ohne Anerkennung leben. Anerkannt zu sein vor aller Leistung ist unsere größte Sehnsucht. Sie lässt sich auch in vielen Märchen, Mythen und heiligen Schriften entdecken. In der jüdisch-christlichen Tradition meint das Wort „erkennen" nicht nur einen intellektuellen Vorgang, sondern ein ganzheitliches Erfahren der Liebesfähigkeit mit Leib und Seele, im Geben und Nehmen. So heißt es im Schöpfungsbericht: „Adam erkannte Eva. Sie empfing und gebar Kain" (Genesis 4,1). Im lustvoll-veranwortungsvollen Gestalten und Ausdrücken der Sexualität erkennen die Menschen einander.

Kein Mensch kann ohne Ansehen leben. In unserer Seele, als dem Lebendigen im Menschen, lebt der Urwunsch, einander in die Augen zu schauen: Sich selber in die Augen zu schauen und anderen in die Augen zu schauen, sind zentrale Wachstumserfahrungen in der Selbstwerdung eines Menschen. Wie wohltuend ist es, wenn nach langem Misstrauen Augenblicke möglich werden. Es sind Begegnungen im Hier und Jetzt, im Anerkennen der Würde eines jeden Menschen. Der Wunsch nach Einzigartigkeit und Einmaligkeit, wie er auch im biblischen Motiv des beim Namen Gerufenseins oft entfaltet wird, ist heute sehr bedroht. Trotz einer Fülle von Kommunikationsmitteln nimmt die Anonymität angesichts der Globalisierung von Abläufen, der medialen Vermittlung von Gesprächen und der Beschleunigung des Tempos, in dem Dinge – und damit auch Begegnungen – erledigt werden müssen, zu. Engagierte Gelassenheit entfaltet sich im kraftvollen Widerstand für eine Kultur der Anerkennung und des Ansehens der Einmaligkeit jeder Person.

Denn nur so kann ich auch mit der notwendigen, konstruktiven Kritik im Leben umgehen. Im gegenseitigen Aussprechen von Anerkennung liegt auch die Bereitschaft, einander in Frage zu stellen, weil damit nie die ganze Person gemeint ist, sondern nur ein Teil von ihr.

In Zeiten von Verunsicherungen braucht es die identitätsstiftende Förderung der Anerkennung und des Ansehens in meinem Leben. Ich kann sie allerdings nicht nur von den anderen erwarten, vielmehr bin ich in den Wendezeiten meines Lebens aufgefordert, auch mir selber Anerkennung schenken zu lassen, immer vertrauend, dass letztlich tiefstes Angenommensein in Gott erfahrbar ist. Darum sagt Teresa von Avila so treffend: „Gotteserkenntnis ist ohne Selbsterkenntnis nicht möglich."

In den Zeiten meines Lebens, in denen ich mich verunsichert fühle, wo Ungewissheit sich breit macht, da achte ich darauf, mir morgens vor dem Spiegel wirklich in die Augen zu schauen.

– Ich schaue mir in die Augen und begegne mir mit dem Wohlwollen, das ich jetzt brauche, um die Unsicherheit als Chance eines Neuanfangs sehen zu können.
– In meinen Beziehungen, gerade da, wo ich mich verunsichert fühle, übe ich ein, den anderen in die Augen zu schauen. In dieser unscheinbaren Übung liegt die wunderbare Möglichkeit, mir selber und den anderen Ansehen zu verschaffen. Dies ist ein heilendes Geschehen, das manchmal Wochen braucht.
– In Diskussionen und Teamsitzungen, in denen wir uns immer wieder (zu) sehr in Sachfragen verlieren, ist es hilfreich, sich zu fragen, ob darunter/dahinter nicht die Frage der gegenseitigen Akzeptanz und der Anerkennung steckt? Diese tiefere Beziehungsebene wird im Gespräch gefördert, wenn

wir einander in die Augen schauen; oder umgekehrt: wenn es mir schwer fällt, den anderen in die Augen zu schauen, dann ist dies ein Signal, zunächst die persönliche Ebene zu klären, um mich nicht in Sachfragen zu verlieren. In solchen Momenten konkretisiert sich die große Lebensaufgabe, der Kraft des Augenblicks zu trauen. Meine Augenblicke können mir helfen, das Loslassen einzuüben: echtes Loslassen, das ohne Einlassen aufeinander nicht möglich ist.

Anerkennung und Ansehen sind erfahrbar, wenn ich lerne, Komplimente anzunehmen und dies auch ausspreche und zugleich, wenn ich anderen ein Echo gebe. Auch bei der Arbeit und in grundsätzlich wirtschaftlich orientierten Zusammenhängen braucht es diese persönliche Ebene, wie dies Peter Balsiger gut auf den Punkt bringt:

„Ohne Wirtschaftlichkeit schaffen wir es nicht. Ohne Menschlichkeit ertragen wir es nicht."

Je verunsicherter ich mich im Beruf und/oder in meinen Beziehungen fühle, umso mehr brauche ich Schritte der Gelassenheit. Zu solchen Schritten kann das regelmäßige Aufschreiben dessen gehören, was ich an mir schätze, was ich gut kann, was mir gelingt. Damit lege ich das Fundament, auch Kritik einordnen zu können und mich nicht wegen einer kritischen Bemerkung als ganze Person abgewertet zu sehen. Denn der Zusammenhang von Anerkennung und Kritik ist nicht zu unterschätzen.

Engagierte Gelassenheit wächst, wenn ich im Arbeitsteam einfordere, einander regelmäßig Feedback zu geben, auch in Bezug auf die Zusammenarbeit. Um menschlicher, effizienter und erfolgreicher arbeiten zu können, lohnt sich die Zeit der gegenseitigen Persönlichkeitsbildung.

Gelassen der Mensch
der bei sich und anderen anerkennt
was gelingt in der Zusammenarbeit
was Beziehungen nährt und wachsen lässt
er wird Augenblicke wagen
die wohlwollendes Ansehen fördern

## Den Urwunsch nach Verwandlung entfalten

„Der Apfel fällt nicht weit vom Stamm" –
„Was Hänschen nicht lernt, lernt Hans nim-
mer mehr". Das sind Beispiele für jene le-
bensbehindernden Sprichworte, die uns in
Zeiten der Verunsicherung hindern wollen,
der Kraft der Verwandlung zu trauen. Kein
Mensch kann sich entfalten, wenn ihm nicht
Verwandlung zugesprochen wird. Dies ist
eine zutiefst spirituelle Lebensgrundhaltung.
„Ich glaube an Gott" heißt für mich: Ich glau-
be an die Verwandlung des Menschen. Auch
Märchen sind voller Motive der Verwandlung.
Da sind Menschen, die verwünscht worden

sind und durch die Begegnung mit anderen ihre wirkliche Identität wieder finden. Die prophetischen Texte der Bibel sind voll von Visionen, die an das Unmögliche im Leben glauben. Es sind verrückte Aussagen, die unsere Welt, unser Menschenbild verrücken möchten, damit das, was in uns verborgen ist an Talenten, endlich ausgegraben wird. Zeiten der Verunsicherung bergen diese große Wendezeit im Leben in sich. In ihnen kann ich lernen, dem mehr Beachtung in mir zu schenken, was ich an Lebenskräften zu übersehen geneigt bin:

– Die Schöpfung ist voll von Bildern der Verwandlung. In Zeiten der Verunsicherung verweile ich darum vermehrt draußen in der Natur, indem ich der Wirklichkeit der Verwandlung meine ganze Aufmerksamkeit schenke. Dadurch kann ich auch meiner Verwandlung trauen und der Verwandlung meiner Vorgesetzten. Denn ich kann sie nicht ändern, aber einen anderen Zugang zu ihnen finden.

– Wenn ich an mir selbst zweifle, nehme ich auch bewusster wahr, wo und wie sich in mir Verwandlung ereignet hat. Das Nachfragen in meiner Familie, meinem Freundeskreis, bei meinen früheren Arbeitskolleginnen und -kollegen kann mir da Erfahrungen zum Leben erwecken, die ich vergessen habe.

– In Situationen, in denen ich mich verhärte, weil ich meine, dass sich nichts verändert und alles beim Alten bleibt, richte ich mein tägliches Augenmerk auf verwandelte Momente, die es jeden Tag zu entdecken gilt. Es hat viel mit meiner Einstellung zu tun. So wie ich in den Wald hineinrufe, so kommt mir das Echo entgegen. Indem ich festgefahrene Bilder festhalte, anstatt zu versuchen, sie alltäglich loszulassen, verstärkt sich auch bei den anderen das Bild von mir, das starr bleibt.

In der katholischen Tradition steht im Zentrum der Eucharistie der Glaube an die Verwandlung. Brot und Wein, alltägliche Gaben, die wir als selbstverständlich anschauen können, sollen uns zu identitätsstiftenden Lebenszeichen werden, indem wir darin die Gegenwart Gottes erkennen, die in allen Dingen ist. Kommunion feiern lebt aus dieser leidenschaftlichen Hoffnung, Christus in all den Momenten unseres Lebens zu begegnen, in denen Aufatmen, Aufgerichtetwerden, eben Verwandlung spürbar wird. Dies ereignet sich in vielen unscheinbar-wunderbaren Alltagserfahrungen. Beim Feiern eines Sakraments werden diese Erfahrungen verdichtet, vergegenwärtigt, damit unsere Verunsicherung durchbrochen wird und das Vertrauen in die eigene Verwandlung, die Verwandlung meiner schwierigen Beziehungen, meiner unbefriedigten Arbeitssituation nicht nur mit Worten, sondern mit Leib und Seele gekostet werden kann.

Gelassen der Mensch
der in der ganzen Schöpfung
die Verwandlungskraft Gottes entdeckt
die in allen Dingen
ausgekostet werden kann

*Dem Urwunsch nach Verwurzelung*
*mehr Beachtung schenken*

Der Wunsch nach Verwurzelung, nach Beheimatung, ist tief in uns und verbindet uns mit
allen Kulturen und Völkern. „Etwas, das allen
in die Kindheit scheint und worin noch niemand war: Heimat", umschreibt Ernst Bloch
unseren tiefen Wunsch nach Gemeinschaft.
Darum tun wir uns so schwer, wenn die Ungewissheit uns schon morgens beim Aufwachen
überfällt. Sie verunsichert uns und öffnet der
Angst und der Panik Fenster und Türen. Solche
Gefühle der Verunsicherung können wir nicht
einfach so verschwinden lassen. Denn sie haben ihren Grund, und sie verweisen uns auf

den Grund unserer Beziehungen, auf unsere
Primärbeziehungen, Mutter und Vater. Jede
Verunsicherung birgt in sich die Chance, tiefer
verwurzelt zu werden in meinem Selbstver-
ständnis. Nur so kann ich auch Beziehungen
wagen, die mich und die Partnerin, den Part-
ner nicht überfordern, weil ich zu viel an Be-
stätigung erwarte. Beheimatung deshalb nicht
nur außen zu suchen, sondern mir selber Beheimatung schenken zu lassen, letztlich in
Gott, tiefster Grund meines Lebens. Je tiefer
ich verwurzelt bin, umso mehr kann ich mich
auf die Äste hinauswagen und halte auch die
Lebensstürme aus. Auf diesem Weg zu echter
Verwurzelung suche ich in mir:

– was wirklich zu mir gehört und was mich
  zutiefst ausmacht – damit ich immer mehr
  ablegen kann, was in mich hineinprojiziert
  wird, was von mir erwartet wird und nicht
  wirklich zu mir gehört;

– was mich einengt in Beziehungen und wo
  ich nur aus Angst vor Beheimatungsverlust,
  aus Angst vor dem Verlassenwerden mich
  festklammere, mich zu sehr zurücknehme
  und mich dann paradoxerweise immer weniger daheim fühle bei mir und mit anderen;
– was ich wirklich brauche, um beziehungsfähiger werden zu können. Freiheit und Ge-
  borgenheit können jene Kriterien sein, die
  mir helfen, mich nicht in falsche Abhängigkeiten hineinzubegeben und zugleich Nähe
  zuzulassen.

Engagierte Gelassenheit wächst, wenn ich dabei alltäglich einübe, mich und die anderen
zu lassen, damit Verwurzelung nicht mit Stur-
heit und Ausgrenzung verwechselt wird.
Wenn ich Idealbilder von mir und anderen
loslasse, damit jede und jeder jeden Tag in
Beziehungen so werden kann, wie Gott sie/
ihn von Anfang gemeint hat: verbindlich frei!

Gelassen der Mensch
der sich einlässt auf Beziehungen
und dabei weder von sich noch von
anderen
Idealbilder festhält
die die eigene Entwicklung behindern
dadurch wird die Verwurzelung erfahrbar
unterwegs daheim zu sein


## Meditationen zum Gelassenwerden


### *Morgens*


Beim Erwachen mit Gefühlen
der Verunsicherung
mich ein- und ausatmend erinnern
dass die Vögel mein Gebet sind
dass der Himmel mein Gebet ist
dass der Wind in den Bäumen mein
Gebet ist

Beim Erwachen die Wirklichkeit
wahrnehmen
die bestärkt im Vertrauen
dass die Lösung meiner Sorgen
in mir ist
spürbar im Anerkennen meiner Stärken
und im Annehmen meiner Grenzen

Beim Erwachen die Angst begrüßen
und ihr Grenzen setzen
im Spüren des Bodens
der Grundlage meines Lebens
die mich trägt in aller Ungewissheit

Beim Erwachen sein dürfen
mich vor dem Aufstehen
einen Moment lassen
weil darin das Vertrauen entsteht
nicht nur aus mir selber den Tag bestehen
zu müssen
sondern mich aufrichten zu lassen
in der Kraft der Verwandlung

die sich auch heute unaufhaltsam auf
der ganzen Welt
ereignet in allen Menschen guten Willens

***

Auf meinem Arbeitsweg
die Spirale der Überforderung durchbrechen
mich dauernd beweisen und bestätigen
zu müssen

Auf meinem Arbeitsweg
im Zug oder in der Straßenbahn
mein Sitzen verwandeln lassen
im Schließen der Augen
nehme ich wahr
die Lebenskraft in mir
die nie erleistet werden kann
sondern zuerst Gabe ist
um dann Berufsaufgabe zu werden

Auf meinem Arbeitsweg
beim Einsteigen ins Auto
das Anschallen der Gurte
voll Achtsamkeit und Langsamkeit tun
um darin das Symbol zu entdecken
in der Unsicherheit des Tages
Sorge für mich zu tragen
Maßnahmen zu ergreifen
die bestärken im Gehaltensein
im Ernstfall des Lebens
durch dich Gott
Quelle aller echter Gelassenheit

### Mittags

In der Mitte des Tages
innehalten
bewusst meinen Terminkalender schließen
ein- und ausatmend
die Hand darauf legen

in der Gewissheit
dass wenn du
das Haus nicht baust
alle Mühe umsonst ist

In der Mitte des Tages
innehalten
vor dem Verlassen des Zimmers
die Türklinke wirklich in die Hand
nehmen
ein- und ausatmend
mich bestärken lassen
dass du die Tür zum Leben bist

In der Mitte des Tages
innehalten
in Entspannungsübungen
die meinen Zugang zur Lebenskraft
neu öffnen

In der Mitte des Tages
die Sorgen des Morgens
bewusst loslassen
weil ich dadurch die Möglichkeit schaffe
nachmittags mit neuen Augen
mich den brennenden Fragen zu stellen

In der Mitte des Tages
der Kraft des Augenblicks trauen
weil du dich darin ereignest
mit deinem Namen
ich bin da

### *Abends*

Diesen Tag loslassen
in aller Verunsicherung
denn nur so kann ich die Nacht hindurch
neue Kräfte sammeln
für den morgigen Tag

Diesen Tag lassen
in aller Ungewissheit
denn nur so kann ich
mich neu erfüllen lassen
von deiner Gegenwart

Diesen Tag lassen
in allen Zweifeln
denn darin zeigen sich
jene Schritte der Entfaltung
die überreif sind

Diesen Tag lassen
dir überlassen
damit du auch die Nacht hindurch
mit mir träumen kannst
wie Ohnmacht und Lähmung
verwandelt werden können
in Selbstbewusstsein und Solidarität

\*\*\*

Abends
mich gehen lassen
Würde des Menschseins erahnen
im Ausruhen und Erholen

Abends
mich tragen lassen
im Empfangen und Schenken
von Zärtlichkeit
die erzählt
dass das Leben weit mehr ist
als Leistung und Erfolg

Abends
mir versichern lassen
dass in der Krise
die Chance liegt
in mir jene Kräfte zu wecken
auf die ich zu wenig gebaut habe

Abends
mich dir überlassen
weil dein Hinweis in mir
mir neue Lebensqualität verheißt
ungeahnte Möglichkeiten
die sich im Aushalten der Durststrecken
zeigen werden

### 3. In Zeiten der Entscheidung
### Selbstvertrauen gewinnen

In Zeiten der Entscheidung
in denen Angst und Panik
mich bestimmen wollen
schließe ich die Augen
um den heiligen Raum in mir
zu betreten
wo niemand Zutritt hat
mich die Erwartungen nicht erreichen
wo ich sein darf
und meine Selbstsicherheit
Entfaltung findet

In Zeiten der Entscheidung
in denen meine Gedanken und Gefühle
voller Widersprüchlichkeiten sind
und ich mich in Spekulationen verliere
traue ich dem Hinweis Gottes in mir
der ermutigt
der Kraft des Hier und Jetzt zu trauen

denn nicht die Vergangenheit
noch die Zukunft
bestärken mich in der Zuversicht
einfach sein zu dürfen
um aus diesem Urvertrauen heraus
unterscheiden zu können
wofür ich Grenzen setzen möchte

In Zeiten der Entscheidung
in denen ich in Berührung komme
mit uralten Verwundungen
und ich zurückgeworfen bin
auf alte Lebensfragen
lerne ich neu
mich zu versöhnen
mit meiner Geschichte
im Annehmen meiner Begrenztheit
und im Einbringen meiner Stärken
darin kristallisiert sich
meine Lebensaufgabe
die ich in weltweiter Verbundenheit
entfalten will

Einatmend
erinnere ich mich
wie mein Wert aus meinem Sein
entspringt
damit ich aus größerer innerer Freiheit
mich verwirklichen kann in Gemeinschaft
und Toleranz

Ausatmend
lasse ich mich los
weil all mein Tun überstiegen wird
vom Geschenkcharakter des Lebens
Gottes Lebensatem
in allem

## Im Loslassen frei werden für neue Entfaltungsmöglichkeiten

Bei Erich Fromm habe ich gelernt, dass die seelischen Grundlagen unserer Gesellschaft sich zu der Frage „Haben oder Sein" verdichten. Denn nach ihm ist die Tendenz zum Haben „charakteristisch für den Menschen der westlichen Industriegesellschaft, in der die Gier nach Geld, Ruhm und Macht zum beherrschenden Thema des Lebens wurde".[3] Auf dem Weg zum Gelassenwerden ist die Unterscheidung zwischen Haben und Sein als Lebensmotiv grundlegend. Fromm ist dabei inspiriert von Meister Eckhart, der „den Unterschied zwischen Haben und Sein mit einer Eindringlichkeit und Klarheit beschrieben und analysiert hat, wie sie von niemandem je wieder erreicht worden ist". Spannend finde ich dabei, dass der Ansatz zum Sein nicht heißt, nichts zu haben oder nichts zu tun, sondern „es bedeutet, dass wir an das, was wir besitzen und tun, nicht gebunden, gefesselt, gekettet sein sollen … denn Sein ist Leben, Aktivität, Geburt, Erneuerung, Ausfließen, Verströmen, Produktivität".[4] Im Leben der Mystikerinnen und Mystiker, die immer wieder von diesem Freiwerden, vom

„ledig sein aller Dinge" geredet haben, scheinen Lebensentwürfe von höchster Aktivität und Kreativität auf. Wenn ich mein Leben aus dem Sein – ich sage: aus Gott – heraus gestalte, kann ich die Angst hinter mir lassen, etwas falsch zu machen. Das bedeutet auch, dass ich nicht hinter meinen Fähigkeiten zurückbleibe. Wenn ich mich alltäglich vom Habenmodus befreien lasse und das Loslassen einübe, eröffnen sich neue Entfaltungsmöglichkeiten in meinem Leben. Der Mystiker Meister Eckhart beschreibt das Ziel für uns Menschen, uns aus der Ichbindung und der Egozentrik zu lösen. Dies ist allerdings nur möglich, wenn ich zuvor gelernt habe, „ich" zu sagen. Dazu gehören Entscheidungen in meinem Leben, dazu gehört, „nein" sagen zu lernen, zu enttäuschen, Erwartungen nicht zu erfüllen. Es lohnt sich, in aller Beharrlichkeit diese Gratwanderung zwischen Haben und Sein zu wagen. Aber ich brauche auf diesem Weg natürlich auch Begleitung und Unterstützung, um mich nicht zu verlieren in dieser Suche meiner tiefsten Lebensmotivation. Mich zu entscheiden, bedeutet etwas zu lassen, Prioritäten zu setzen, Grenzen anzunehmen; und das heißt auch: Schmerz zu spüren. Entscheiden eröffnet jedoch auch neue Perspektiven, setzt Energien frei, befreit von Allmachtsphantasien und ermächtigt andere, sich auch auf eigene Füße zu stellen. Darum hat Entschiedenheit im Leben sehr viel mit Selbstvertrauen zu tun. Unsere Gesellschaft braucht mehr Menschen mit Rückgrat, die zu sich und ihren Entscheidungen stehen, die sich mit klarer Stimme einbringen und die sich einsetzen für eine Welt, in der Solidarität und Lebensfreude mehr gefördert werden als die Spirale des Habenwollens und des Suchtverhaltens, die Menschen zu Sklaven des Konsums macht. In meiner eigenen Entwicklung und im Begleiten von vielen Menschen vertraue ich der Entschiedenheit, die sich herauskristallisiert, wenn Menschen lernen zu sagen, was sie brauchen, was sie fühlen, was sie empört und was sie nährt. Nur so können sie sich in einem guten Sinne lösen von sich selber. Denn glücklich werden wir nicht, wenn wir ein Leben lang nur ich sagen – unser ganzes Sein ist auf ein du angelegt. Für mich standen nach einem langen Weg der Selbstfindung in meinem Tagebuch folgende Worte, die mir immer noch viel bedeuten:

Ich will mich lösen von mir selber
damit deine heilende Kraft noch mehr
durch mich fließen kann.

Noch vor kurzem wäre ich nicht fähig gewesen diese Worte zu schreiben, weil meine Entscheidungskraft zu wenig entfaltet war. So war für mich der Gedanke, mich zu lösen von mir selber, verbunden mit der Angst vor Fremdbestimmung, mit der Unsicherheit, mich in den Ansprüchen und Erwartungen der anderen zu verlieren. Echte Gelassenheit erfahre ich, wenn ich mir dessen bewusst bin und trotzdem nicht an mich selber gebunden bleibe. Die Entscheidungskraft hilft mir dabei. Es geht mir dabei nicht nur um die großen Lebensentscheidungen, sondern um die vielen alltäglichen Entscheidungen. Meine Gelassenheit kann darin wachsen, dass ich lerne, meine Intuition zu spüren und ihr zu trauen. Hubertus Halbfas spricht davon in der Ermutigung, den „Sprung in den Brunnen", in die eigene Tiefe, zu wagen, indem ich das Alleinsein einübe:

„Zunächst musst du mit dir allein sein können! Wenn du es versuchst, wirst du sehen, wie schwer das ist. Du kannst unruhig werden und sogar Angst verspüren. Dann wird dich nichts anderes drängen als der Wunsch, schnell wieder nach oben zu kommen. Du wirst dir vorsagen, Alleinsein sei sinnlos, führe zu nichts, und Ähnliches … Es ist anders. Aber nicht sofort und nicht nach drei Wochen.

Dazu gehören Beständigkeit und Geduld. Für jemanden, der das Alleinsein wieder und wieder übt, verändert sich die Welt. Dann werden die Dinge zugänglich: Es wird zugänglich der Baum, zugänglich wird der Himmel, zugänglich wird der Bach. Was zuvor im geschäftigen Leben nur zufällig da war, wird jetzt die eigentliche Welt. Die kann man nur durch häufiges, mühseliges Alleinsein erfahren."[5]

Die Kraft zur Entschiedenheit wächst aus dem Alleinsein. Da kann ich lernen zu unterscheiden, was wirklich zu mir gehört, was wirklich meine Aufgabe ist, was wirklich von mir erwartet wird und was in mich hineinprojiziert wird und ganz tief nicht zu mir gehört.

Gelassen der Mensch
der den Sprung in seine eigene Tiefe wagt
im Einüben des Alleinseins
um entschiedener im Leben zu sein
und Prioritäten setzen zu können

Gelassen der Mensch
der Grenzen setzen kann für das
was aus seiner tiefen Lebenskraft
mehr Entfaltung sucht

Gelassen der Mensch
der in den unscheinbaren Entscheidungen
seiner Alltagsgestaltung
jede Möglichkeit sieht
sich selber zu werden
um sich von sich selber lösen zu können

Gelassen der Mensch
der das Habenwollen
jeden Tag neu verwandeln lässt
im Vertrauen ins Dasein und Mitsein
darin lebt und wohnt Gott

# Schritte zu mehr Gelassenheit

## *Lebensbehindernde Muster entdecken*

„Was hindert dich, eine Entscheidung zu treffen?", ist eine Frage, die ich mir und vielen Menschen stelle, die mehr aus der Lebenstiefe, aus dem Sein ihr Leben, ihren Berufsalltag gestalten möchten. Ich gehe davon aus, dass wir lebensbehindernde Gedanken, Motive, Mechanismen mit uns schleppen und uns schwer tun, sie zu lassen. Obwohl es uns viel Energie kostet, diese lebensfeindlichen Muster Tag für Tag mit uns zu tragen, erscheint uns dies einfacher, als uns von diesen vertrauten Gedanken zu lösen. Denn sich entscheiden im Leben, bedeutet der Kraft eines Neuanfangs zu vertrauen. Appelle und Ratschläge helfen da nicht weiter. Wir brauchen die Achtsamkeit, die lähmenden Behinderungen in uns anzunehmen, denn nur so können sie verwandelt werden.

Menschen, die sich schwer tun zu entscheiden, sind oft von der Angst des Loslassens geprägt. Erst wenn diese Angst ernst genommen wird und eine Ausdrucksform erhält, kann sie losgelassen werden. Darum beginnt der Weg zu mehr Gelassenheit in Entscheidungsfragen beim Auflisten von lebenslähmenden und lebensfördernden Gedanken:

– Was hindert mich, eine Entscheidung zu treffen? Ich nehme dazu ein großes Blatt und schreibe darin alle Ängste und Unsicherheiten auf. In einem zweiten Schritt versuche ich, die verschiedenen Ängste zu gruppieren, um Zusammenhänge zu entdecken.

– Welche lebensbehindernden Sätze prägen mein Leben? Falls es möglich ist, erinnere ich mich an die Personen, die sie mir mitgegeben haben. Dabei suche ich nicht zu weit, denn die Hartnäckigkeit solcher Lebensmuster ist unglaublich. Meine Entscheidungskraft entfaltet sich durch das Bewusstwerden so genannter banaler, lächerlicher Erfahrungen. Ich selbst habe zum Beispiel 40 Jahre lang nicht gesungen, weil ich den Worten eines Lehrers in der vierten Klasse glaubte, der mir in aller Absolutheit prophezeite, dass ich völlig unmusikalisch sei.

– Welche lebensfördernden Worte haben mir geholfen und helfen mir noch, entschiedener im Leben zu stehen? Wie gebe ich ihnen mehr Gehör, Beachtung und Gewicht?

Alleine, in der Partnerschaft, im Freundeskreis an diesen Fragen zu bleiben, bedeutet Erlösung zu erfahren und einen neuen befreienderen Umgang mit mir selber und andern einzuüben.

Gelassen der Mensch
der seine lebensbehindernden Muster
kennen lernt
um sich mit Geduld und Entschiedenheit
von ihnen zu lösen
darin wird er echte Erlösung erfahren

## Meine Wünsche und Visionen entdecken

Entscheidungssituationen beinhalten die Chance, klarer wahrzunehmen, was ich brauche im Leben, in meinem Arbeitsumfeld. Von den Mystikern und Mystikerinnen können wir lernen, die Lösung nicht nur im Außen, im Strukturellen zu suchen, sondern zuerst bei uns selber anzufangen und die Unzufriedenheit, die Sachzwänge als Herausforderung zu sehen, eine Standortbestimmung zu wagen. Sogar da, wo ich meine, nichts zu sagen zu haben, kann ich diesen Schritt in Richtung Eigenverantwortung gehen. Auch in diesem Wachstumsprozess braucht es beharrliche Geduld und zielgerichtete Entschiedenheit, um mich konstruktiv einzubringen. Denn sehr oft können wir eher sagen, was nicht stimmt, was uns lähmt, ärgert und frustriert, als klar auszudrücken, was wir wirklich wollen. Im genauen Nachspüren entdecke ich die Unterdrückung meiner Gefühle. Weil wir zu wenig geerdet sind, fehlt uns der klare und sichere Stand, um himmelwärts zu schauen. Wenn wir den Anspruch haben, beim Ausdrücken der Wünsche und Visionen alle möglichen Umsetzungsvarianten bereits geklärt zu haben, entscheiden wir uns nicht bzw. lassen uns wenig beflügeln. Mir helfen in einer solchen Situation die Worte von C. G. Jung, der darauf hinweist, dass in unseren Visionen immer auch ihr Schatten mitklingen darf:

„Das Leben selber aber fließt zugleich aus klaren und trüben Quellen. Daher es auch jeder zu großen ‚Reinlichkeit' an Leben mangelt ... Je größer aber die Klärung und Differenzierung, desto geringer wird die Lebensintensität, eben wegen des Ausschlusses der trübenden Substanzen. Der Entwicklungsprozess bedarf sowohl der Klärung als der Trübung."[6]

Diese Worte helfen mir, entscheidungsfreudiger zu werden in einer „geerdeten" Gelassenheit – ich weiß, dass es nie eine ‚reine' Entscheidung gibt, in der alles klar ist. Denn im unendlichen Abwägen bin ich meistens viel zu sehr im Kopf und nehme meine Gefühle, mein Leibsein zu wenig ernst. Auf mein Dasein mit Geist-Leib-Seele zu achten, lässt mich entdecken, was ich brauche, was ich mir mehr wünsche. Auch wenn es sich sehr empfiehlt, beim Aussprechen von sich selber auszugehen, so genannte Ich-Botschaften auszudrücken, so zeigt sich oft, dass es andere auch betrifft und eine Klärung eintreffen kann, wenn jemand das Unwohlsein einbringt und zugleich aus sich heraus auch Veränderungsvorschläge einbringt.

Gelassen der Mensch
der hellwach träumt
und seine Visionen einer gerechteren
Welt
nicht zurückhält
sondern wagt sie auszusprechen
damit Energien freigelegt werden können
durch Gott
der mit uns träumt

## *Meine Klugheit wach halten*

Entschiedene Gelassenheit ist nicht mit Naivität zu verwechseln. Bei Jesus zum Beispiel lerne ich Gelassenheit im Umgang mit dem Widerstand. Sich entscheiden können bedeutet auch, Widerstand zu erregen. Er muss weder gesucht noch unnötig provoziert werden. Jesus sagt zu seinen Jüngerinnen und Jüngern, die „wie Schafe mitten unter die Wölfe" gesandt werden: „Seid klug wie die Schlangen und ohne Falsch wie die Tauben" (Mt 10,16).

Davon lerne ich, dass wir nicht die Ersten sind, die sich mit Polarisierungen, Widerstand, Infragestellungen, Verleumdungen, Intrigen und Heuchelei auseinander setzen müssen. Das ist eine wichtige Lebenserkenntnis, um nicht in einem überhöhten und unrealistischen Harmoniebedürfnis zu leben. Klugheit ist angesagt in Zeiten der Überforderung und des zunehmenden Druckes am Arbeitsplatz. Es ist nicht Feigheit, wenn ich vor dem Reagieren zuerst agiere, d. h. mir selber klar werde, was und wie ich mich einbringen will in Entscheidungssituationen. Klugheit und Ehrlichkeit sind Grundhaltungen von Menschen mit Rückgrat. Kompromisse schließen zu können, muss nicht aus konfliktscheuem Anpassungsvermögen geschehen, sondern um des größeren Ganzen willen. Wichtig scheint mir die Haltung der Entschiedenheit auch im Unentschiedensein! Wenn ich noch nicht fähig bin, mich zu entscheiden, so ist das Bewusstsein darüber auch eine Entscheidung. Schwierig ist es und kostet meist viel Energie, wenn ich mich um eine Entscheidung drücke. Denn dadurch unterstütze ich bewusst oder unbewusst den Status quo. Wenn ich nichts sage, sage ich Ja zum Bestehenden.

Klugheit zeigt sich, wenn ich diese Spannung bewusst benenne und mich bewusst entscheide, mich noch nicht zu entscheiden. Klugheit kann wachsen, wenn ich Entscheidungskriterien sammle und auch bei anderen Hilfe hole. Als Mann habe ich bei mir die Tendenz bemerkt, mit anderen erst dann über eine Sache zu reden, wenn ich den Überblick habe. Dadurch hindere ich mich daran, mich auch unentschlossen, bedürftig, verunsichert zu zeigen. Wichtige menschliche Erfahrungen des Getragenseins, des sich Zumutenkönnens gehen mir dabei verloren. Doch das andere Extrem ist genauso unklug, nämlich bei so vielen Menschen Rat zu holen, dass ich mich nie entscheiden muss. Denn ich werde immer jemanden finden, der mir die Gegenargumente liefert, um unentschlossen zu bleiben. Es braucht deshalb Klugheit, die wenigen Menschen auszuwählen, die mir wirklich weiterhelfen. Das sind Menschen, die mir Wohlwollen entgegenbringen, die mich nicht schonen und mich auf meine blinden Flecken aufmerksam machen. Klugheit wächst auch, wenn ich aktiv warten kann, um Klarheit zu finden. Wenn im Teich unseres Klosters das Wasser nicht mehr klar ist, hilft einzig das Warten, bis die Erde sich setzt. Die Entscheidung, diesen Klärungsprozess abzuwarten, ist auch eine Entscheidung!

Gelassen der Mensch
der mit Klugheit sich einlässt
auf die Herausforderungen des Lebens
und seine Unsicherheit nicht herunterspielt
sie aber auch nicht allen preisgibt
er wird Gelassenheit in seinen Beziehungen
erfahren

# Meditationen zum Gelassenwerden

## *Morgens*

Beim Aufstehen
mich mit Entschiedenheit
in die Mitte des Zimmers stellen
Ausdruck der Zuversicht
heute mich nicht zu verlieren
in den Erwartungen und Ansprüchen
sondern aus meiner Mitte heraus
aus meinem göttlichen Grund
meine Entscheidungen zu treffen
Beim Aufstehen
zu mir stehen
zu meiner Lebenskraft
meinem Licht und meinem Schatten
aufrichtig werden mit mir
mir nichts vormachen
ehrlich werden mit mir
weil Christus in mir aufersteht

in meinem Ausgerichtetsein auf das
Wesentliche

Beim Aufstehen
wohlwollend-bestimmt
tief ein- und ausatmen
sein dürfen
vor allen Entscheidungen
die mich erwarten
Freundin Geist in mir atmen lassen
die mich bestärkt
die Angst vor dem Widerstand zu verlieren
im Einnehmen meines Standpunktes
Hier und Jetzt

### Mittags

Mitten in den Entscheidungen
einen Moment innehalten
Distanz schaffen zu den Ereignissen
Kraft schöpfen
Sein dürfen

Mitten in der Entscheidungsangst
in meine Verspannungen hineinatmen
mit meinen Füßen
mit meinem Beckenraum
den Grund spüren
der Grund zur Entschiedenheit ermöglicht

Mitten im Hin und Her
der Argumente
die Dinge sich setzen lassen
um Klarheit zu finden
aktives Warten
das die Erwartungen durchbricht
und mich gelassener entscheiden lässt

In der Mitte des Tages
in mir Klugheit wecken lassen
im Umarmen eines Baumes
der mich an meine Verwurzelung erinnert
die die Angst vor Verästelung durchbricht

In der Mitte des Tages am Brunnen
mich erfrischen lassen
um mich zu erinnern
wie auch in mir die Quelle der Entschiedenheit fließt
die hilft Beziehungen zu klären

In der Mitte des Tages
einen Stein in die Hand nehmen
erfahren wie die Kälte sich
in Wärme verwandelt
mich dadurch bestärken lassen
Berührungsängste zu überwinden
um aktiv mitzugestalten
an einer menschlicheren Atmosphäre
durch dich klärender Geist Gottes

## *Abends*

Am Ende des Tages
mich mit Klugheit umgeben lassen
und die vielen ungelösten Fragen
dir überlassen
vertrauend
zur gegebenen Zeit
in die Antworten hineinzuwachsen

Am Ende des Tages
unter dem Sternenhimmel stehen
und meine unentschlossenen Situationen
in einem größeren Zusammenhang sehen
die richtigen Relationen entdecken
um aus dieser Erholung
morgens wieder entschieden
mich hineinzubegeben in den Tag
kraft deiner Gegenwart in allem

## Meditationsspaziergang

Den Sprung in den eigenen Brunnen wagen
den Zugang zu meiner eigenen Tiefe finden
Raum schaffen für das Alleinsein
mir einen Spaziergang gönnen
um Schritt für Schritt diesen Tag loslassen
zu können
weil du Wegbegleiter bist

Den Sprung in den eigenen Brunnen wagen
die lustvollen Momente dieses Tages
noch einmal begehen
um sie lassen zu können
den mühsamen Momenten nicht
ausweichen
kraftvoll-entschieden auf den Boden
stampfen
abschütteln
was mich hindert loszulassen

Den Sprung in den eigenen Brunnen wagen
beim Wasser verweilen
darin die Kraft des Lebensflusses entdecken
der stärker ist
als alle lebensbehindernden Mächte
mich gehen lassen
in die Nacht hinein
weil du mich einem neuen Morgen
entgegenführst

## 4. In Zeiten des Neuanfangs der Verwandlung trauen

In Zeiten des Neuanfangs
in denen die Sehnsucht nach Verwandlung wächst
und die Angst vor der Ungewissheit
mich täglich einholt
gehe ich auf die Suche
nach einem Symbol
das mich offensichtlich erinnert
an die bleibende Kraft Gottes in allem

In Zeiten des Neuanfangs
in denen in meinen Träumen
alte lebensbehindernde Muster
des Zweifelns und des Zögerns mich
einholen
vertraue ich auf dich Lebensatem
der erlöst von Allmachtsphantasien
und zu neuen Vertrauensschritten bewegt

In Zeiten des Neuanfangs
in denen ich mich überfordert fühle
durch die vielen neuen Eindrücke
schaffe ich mir am Arbeitsplatz
eine Nische mit einem Vertrauenszeichen
das mich erinnert
wie der rote Hoffnungsfaden
sich auch durch mein Leben zieht

Einatmend
verweile ich mit einem Symbol
um hineinwachsen zu können
in dieses Eingebundensein
in eine jahrhundertelange Weggefährten-
schaft
in der Aufbruch und Beheimatung erfahrbar ist

Ausatmend
löse ich mich vom alten Ort
von Beziehungen
vertrauend auf die bleibende Verbundenheit

sogar über den Tod hinaus
die täglich genährt wird
im Pflegen eines achtsamen Lebensstils

## *Zwischenräume in meinem Leben schaffen*

„Im Anfang ist Beziehung", schreibt Martin
Buber. Darin liegt die Chance eines Neuanfangs, mehr aus der Beziehung zu mir, zu anderen und zu Gott mein Leben zu gestalten.
Wohin ich auch gehe, überall nehme ich
mich, meine Geschichte, meine Stärken und
Schwächen mit. Ich kann ihnen nicht entflie-
hen. Doch in jedem Lebensabschnitt eröffnet
sich uns die Kraft der Verwandlung, um erlös-
ter, freier, selbstbewusster, gelassener Beziehungen zu pflegen. Möglich wird dies, wenn
ich Zwischenräume in meinem Leben schaffe. Eine gute, gesunde Distanz zu mir selber,
zu den anderen, zu den Ereignissen des Lebens. Gelassene Menschen halten die Würde
des Menschseins wach. Die Würde, die sich

auch in unserer Begrenztheit, in Krankheit und Behinderung bewähren muss. Es ist diese Würde, die echte Begegnungen ermöglicht, wenn wir mit Respekt aufeinander zugehen und auf den Zwischenraum achten, weil niemand zu „haben" ist, nicht einmal Gott. Damit ein Neuanfang in Beziehungen und am Arbeitsplatz möglich ist, braucht es einen Zwischenraum, sonst ist die Gefahr der Flucht vor der Herausforderung oder der Wiederholung alter Muster sehr groß. Beim Auseinandergehen einer Beziehung, bei einer Scheidung ist es notwendig, sich einen Zwischenraum der Klärung, des Aufarbeitens, des Kraftschöpfens zu schaffen. Diese Distanz zu schnell überspringen zu wollen, diesen Prozess abzukürzen ist mit der Gefahr verbunden, keinen wirklichen Neuanfang beginnen zu können, sondern im alten Sog zu bleiben und ungute Erfahrungen auf die neue Beziehung, auf die neue Situation zu übertragen. Doch dank der Distanz kann ich Entwicklungsschritte wahrnehmen und mich daran freuen. Zwischenzeiten, in denen scheinbar nichts geschieht, sind Voraussetzung für einen guten Neuanfang. Symbole können uns auf diesem Weg des Vertrauens in das Wachstum eine kraftvolle Erinnerung sein, um ein Leben lang neu anfangen zu können. Gottes JA in unser Leben, unser Sosein ermöglicht uns, jeden Tag neu anfangen zu können!

In einem Symbol, das wir auswählen oder das uns begegnet und das wir vor uns hinstellen, können wir verdichten, was für uns wesentlich ist im Leben, im Arbeiten, in unseren Beziehungen. Ein Symbol hilft uns, das Leben nicht nur mit dem Verstand wahrzunehmen; es schafft eben diese Zwischenräume des Innehaltens, die Weite in unsere Wahrnehmung bringen und uns die Vieldimensionalität entdecken lassen.

Bei einem Neuanfang kann uns diese Lebensweisheit einen neuen Zugang, einen verwandelten Blick auf die Wirklichkeit eröffnen. Symbole können das Diabolische, das Zerrissene in und um uns zusammenführen, damit wir bis zum letzten Atemzug der Kraft der Verwandlung trauen, die uns in unendlich vielen Schöpfungsbildern entgegenkommt. Sie hineinzuholen auf unseren Schreibtisch, ins Schlafzimmer, in die Küche ist ein Akt der Gelassenheit. Ich kann dadurch wie Goldmund einüben, nicht nur vom Verstand her mich einzulassen auf die Lebensherausforderungen, sondern die tieferen Zusammenhänge zu ertasten, die immer da sind und die wir oft zu wenig wahrnehmen, weil uns die Zwischenräume, das Innehalten, das Loslassen fehlen.

Gelassen der Mensch
der sich und andere lassen kann
weil niemand zu haben ist
sondern alle im Werden sind

Gelassen der Mensch
der dem Zwischenraum in den
Beziehungen traut
weil dadurch die Lebendigkeit in den
Begegnungen bleibt

Gelassen der Mensch
der Gott in allen Dingen sucht
Kraft schöpft in den Symbolen
ohne von ihnen abhängig zu werden

Gelassen der Mensch
der vor dem Neuanfang
sich Zeit nimmt um das Alte abzuschließen
damit er es wirklich loslassen kann

Gelassen der Mensch
der sich nicht ins Neue flüchtet
sondern sich und jedem Menschen
Verwandlung zutraut
im Gestalten der gemachten Erfahrungen
um daran wachsen und reifen zu können

Gelassen der Mensch
der Nähe und Distanz in den Beziehungen einübt
der in diesem Zwischenraum den
gegenseitigen Respekt wach hält
und den Geschenkcharakter
jeder Begegnung erfährt

## Schritte zu mehr Gelassenheit

### *Die Sicherheitsnadel – Symbol des Öffnens und Schließens*

Symbole sind Zeichen, die auf eine tiefere, vielfach verborgene Dimension des Lebens hinweisen. In Umbruchsituationen, in Zeiten des Neuanfangs können Symbole uns erinnern an das, was wirklich wesentlich ist im Leben. Das griechische Wort symbolon leitet sich vom Verb symballein ab. „Ballein" hat die Bedeutung werfen, wenden, bewegen. Die Vorsilbe „sym" bedeutet zusammen. Symbole führen Erlebnisse zusammen, die wir sonst womöglich vergessen würden. Symbole finden sich in allen Kulturen. Die Symbole fördern den Austausch und dienen dem Wiedererkennen unter den Menschen. Ein Symbol bedeutet immer mehr als das, was es darstellt, es weist darüber hinaus. Es ermöglicht uns, wichtige Begegnungen und Erfahrungen, die wir oft mit Worten nicht einfangen können, zu vergegenwärtigen und in unserer Erinnerung neu lebendig werden zu lassen. Symbole können auch eine problematische Seite haben, wenn ihnen in manchen Formen des Okkultismus magische Kraft zugerechnet wird oder in krankhaften Äußerungsformen wie im Fetischismus. Darum ist es wichtig, miteinander ein gutes Verhältnis zu Symbolen einzuüben, damit sie wirklich die Gelassenheit in uns unterstützen können. Es gibt persönliche, kostbare Symbole; daneben zeige

ich anhand von drei alltäglichen Gegenstän-
den auf, wie wir mitten in unserem Berufsalltag unser Tun unterbrechen können, um die
Vieldimensionalität des Lebens als Spur zu
mehr Gelassenheit wahrzunehmen.
So kann mir zum Beispiel beim Neuanfang
am Arbeitsplatz eine Sicherheitsnadel wichtige Aspekte verdeutlichen:


– Ich brauche Sicherheit im Leben. Neuan-
  fänge sind immer auch verbunden mit Momenten der Unsicherheit. Echte Selbstsicherheit gewinne ich nicht, wenn ich mich
  verschließe und meinen Kreis zu eng ziehe.
  Meine Sicherheit wird wachsen, wenn ich
  mich öffne für Neues.
– Beim Öffnen der Sicherheitsnadel erfahre
  ich, dass das Öffnen für Neues mich auch
  mit dem Spitzigen im Leben in Verbindung
  bringt. Das Ungewohnte kann Angst machen und manchmal verletzen. Wenn ich
  damit rechne, so kann ich lernen mich zu

schützen, indem ich nicht alles auf mich nehme, was da an Reaktionen auf mich zukommt.

– Gelassene Sicherheit wird spürbar, wenn ich mich verbinde mit anderen, d. h. Berührungsängste überwinde, und mich in Situationen so hineinbegebe, wie ich bin. Das Beispiel der Sicherheitsnadel zeigt auch, dass ich mich schließen, abgrenzen darf. Es ist sogar Grundbedingung, damit ich mich wieder neu öffnen kann. Dieser Zugang zu meinem inneren Raum ist bei einem Neuanfang sehr wichtig, damit ich mich nicht verausgabe und ein falsches Bild von mir entstehen lasse.

Der Phantasie sind entlang dieses Symbols keine Grenzen gesetzt. Wenn ich die Sicherheitsnadel bei mir trage oder vor mich hinlege, dann kann ich mich erinnern, wie ich die Gratwanderung des „Michöffnens und Michschließens" einüben kann.

Gelassen der Mensch
der Sicherheit nicht nur in der
Abgrenzung sucht
der lernt sich zu öffnen
für die Verabredungen mit dem Leben
darin ereignet sich die Geburt Gottes in mir

## *Schlüsselerlebnisse meines Lebens*

Mit einem Neuanfang ist oft ein neuer Schlüssel verbunden, der mir Zugang verschafft zu den neuen Orten. Darin liegt eine große Symbolkraft, die mir helfen kann, Gelassenheit in dieser Abschieds- und Begrüßungszeit meines Lebens zu finden. Denn ein spiritueller Mensch nimmt wahr, was ist und geht von dem aus, was ihm nahe ist. So kann der Schlüssel, den ich nun mit mir trage und morgens, den Tag hindurch und abends brauche, die Spur aufzeigen, wie ich mit den neuen ungewohnten Situationen und Anforderungen umgehen kann. Wenn ich den Schlüssel wirklich in die

Hand nehme und dabei im tiefen Ein- und Ausatmen innehalte, dann kann dies mich in Verbindung bringen mit Schlüsselerlebnissen in meiner Geschichte. Aha-Erlebnisse, in denen ich mich getragen fühlte, mir etwas Wichtiges aufgegangen ist, ich mich verstanden fühlte. Ich nenne dies mystische Erfahrungen: Momente des Lebens, in denen Raum und Zeit wie aufgehoben erscheinen und ich erahne, dass Wesentliches im Leben nie allein durch meine Leistung oder durch Erfolg erfahrbar wird, sondern gerade durch das Angerührtsein und im dankbaren Staunen dem Leben in seiner Faszination und Widersprüchlichkeit gegenüber.

Wenn ich mich verloren fühle in meiner neuen Umgebung und mich schwer tue, dem Sprachspiel der anderen zu folgen; wenn neue Beziehungen sich nicht so leicht ergeben, so kann mir der Schlüssel eine entlastende Hilfe sein, um mich zu öffnen für all das Bestärkende, das ich in meinem Leben erfahren habe.

Engagierte Gelassenheit lebt von dem, was wir zu oft als selbstverständlich anschauen. Der Schlüssel, den ich immer vor dem Öffnen und Schließen eines Raumes als Einladung sehe, mich zu erinnern an all das unscheinbar Wunderbare, das mich so werden ließ, wie ich heute bin. Der Schlüssel, der mich bestärkt, mich zu lassen und nicht zu sehr unter Druck zu setzen in der Erwartung, schon in den ersten Wochen alles Neue verstanden zu haben. So finde ich einen gelassenen Schlüssel des Vertrauens zu den Menschen, denen ich neu begegne und die nicht zufällig meine Wege kreuzen.

Gelassen der Mensch
der seinen Schlüsselerlebnissen traut
und auf dem aufbaut im Leben
was gelungen ist
und nicht dauernd auf das schaut
was noch nicht erreicht worden ist
er wird den Schlüssel zur Hoffnung
jeden Tag neu finden

## *In den Spiegel schauen*

Bei einem Neuanfang bin ich besonders gefordert, der Kraft der Gegenwart zu trauen. Dabei kann ein kleiner Spiegel auf meinem Tisch mir wegweisend sein, um mehr im Hier und Jetzt zu leben, damit ich das Vergangene loslassen kann und nicht dauernd mit der Gegenwart vergleiche. Im Spiegel kann ich meine Einmaligkeit und Einzigartigkeit entdecken. Es kostet viel Energie, um am neuen Ort meinen Platz zu finden, und ich darf nicht erstaunt sein, wenn mich dies sehr ermüdet. Meine Seele braucht ihre Zeit, um all die neuen Eindrücke in der Tiefe aufzunehmen. Der Spiegel kann in mir dieses Wohlwollen entfalten, indem ich lerne, mir in die Augen zu schauen, um der Kraft des Augenblicks mehr Beachtung zu schenken. Er kann mich herausholen aus der Spirale, wenn ich mich zu sehr mit den anderen vergleiche. So lasse ich mich auch nicht zu sehr beeindrucken, wenn

Arbeitskolleginnen und -kollegen mich an meiner Vorgängerin, meinem Vorgänger messen. Dies ist eine anspruchsvolle Übung zu mehr Gelassenheit, indem ich nicht dauernd reagiere, sondern von Tag zu Tag mehr aus meiner Mitte heraus agiere. Denn da liegt mein wirklicher Beitrag.

Mein aufrichtiges Dasitzen, mein tiefes Atmen, meine Auflageflächen im Beckenraum und unter den Füssen lassen mich ganzheitlich in den Spiegel schauen; so spiegelt sich mir darin auch die Lebensweisheit, nie Einzelner zu sein, sondern immer Teil eines Ganzes. Beim Hineinschauen in den Spiegel kann ich lernen, mir mit Humor zu begegnen. Vertrauend, dass ich wichtig bin an meinem neuen Platz, muss ich mich nicht so ernst und wichtig nehmen. Mir selber zuzulächeln bringt mich in Verbindung mit der Wirklichkeit, dass mein Wert letztlich aus meinem Sein entspringt. Darum kann ich von Tag zu Tag mich auch den anderen mehr zeigen, meine Maske ablegen und mich annehmen lassen mit meinen Begabungen, meiner Verletzlichkeit und meinen Grenzen. Im Sein gegründet, bin ich gegründet in Gott, der „Ich bin da" (Exodus 3,14) heißt.

Gelassen der Mensch
der wagt sich selber in die Augen zu
schauen
um seine einmalige Würde alltäglich zu
entdecken
er wird sich nicht mit den anderen
vergleichen
sondern seine Lebensmelodie einbringen

# Meditationen zum Gelassenwerden

## *Morgens*

Beim Duschen mich erfrischen lassen
dich als Quelle des Lebens erfahren
damit ich überall wo ich bin
mich beleben lassen kann

Beim liebevollen Pflegen meines Körpers
mir wohlwollend begegnen
weich werden, wo ich verhärtet bin
damit ich gelassener mich finden kann
in den neuen Räumen
die mich erwarten

Beim Anblick im Spiegel
die Verbundenheit mit allen Menschen
der Schöpfung und dem ganzen Kosmos
wahrnehmen
dem Leben zulächeln

Beim Frühstück
eine Kerze anzünden
das Essen und Trinken genießen
darin das Bild Jesu
der Nähe von Gottes neuer Welt erahnen

Auch am Arbeitsplatz
eine Kerze entzünden
darin die Lebensweisheit erkennen
dass wir Licht füreinander sein können

## *Mittags*

Mich bewegen lassen
Verkrampfungen abschütteln
in die Verspannungen hineinatmen
Ansprüche loslassen
Einfach dasein
Gottes Wesen des „ich bin da"
darin erkennen

Mich bewegen lassen
aufmerksam die Blumen anschauen
Pflanzen berühren
Tieren begegnen
um im Neuanfang
das Verbindende mit allem zu entdecken
dich Lebensatem

Mich bewegen lassen
Zärtlichkeit annehmen und weitergeben
Berührung genießen
Begegnungen wagen
im Hier und Jetzt
daraus wächst die Kraft
mich all dem Neuen zu stellen
Abends

Vertrautes und Bewährtes
in meinem Leben weiterpflegen
um die vielen neuen Eindrücke
überlassen zu können

Das Schwimmen
das Joggen
das Fahrradfahren
die Sauna
als Meditation verstehen
um mit Leib und Seele
mich erneuern zu lassen

Vertrautes und Bewährtes
weiterführen in meiner Freizeit
dranbleiben
die Kraft der Rituale entdecken
die mich verwurzeln in der Gelassenheit
damit ich die neuen Herausforderungen
verkraften kann

Das Liegen
als Gebet verstehen
mich erholen und verwöhnen lassen
in der erotischen Kraft der Zärtlichkeit
dich erfahren
als Grund aller Begegnung

## 5. In Zeiten voller Spannungen Augenblicke des Aufatmens finden

In Zeiten der Spannungen
mit mir selber
und mit Menschen in meiner Nähe
in denen die Gefahr zunimmt
Recht haben zu wollen
schaffe ich mir bewusst
Distanz zu den Ereignissen
im achtsamen Umgang mit meinem
Körper
im Schwimmen
Spazierengehen
Joggen
Velofahren

In Zeiten der Spannungen
in denen ich rivalisiere mit anderen
und mich zu verlieren drohe
im Sieger-Verlierer-Spiel

wenn mein Gesicht immer verspannter wird
lasse ich mich erlösen
von dieser einengenden Sicht
weil im Teilen von Macht
neue Lebensenergie für alle fließt

In Zeiten der Spannungen
in denen unlösbare Konflikte
die Atmosphäre zu ersticken drohen
achte ich bewusster auf meine Gefühle
und übe zugleich das Loslösen
von mir selber ein
weil sich mir dadurch eine neue Sicht eröffnet
die Blockierungen auch mit Humor lösen kann

Einatmend
lasse ich meine Spannungen aufweichen
in der Erinnerung
dass heilender Geist in mir atmet
und mir unerwartet neue Weisheit eröffnet

Ausatmend
Lasse ich los
um konfliktfähiger zu werden
um in aller Verschiedenheit
das Verbindende zu entdecken

## *Auszeit statt Burnout*

Damit ich mich nicht „verheizen" lasse,
braucht es stündlich die Erinnerung an den
Kern in mir, der unantastbar ist. Es ist dies ein
heiliger Raum in mir, zu dem niemand sonst
Zutritt hat, es ist der Ort, an dem ich sein darf
vor allen Ansprüchen. Mystikerinnen und
Mystiker wie Hildegard von Bingen, Meister
Eckhart, Teresa von Avila, Johannes Tauler und
Johannes vom Kreuz betonen diesen entlas-
tenden Blick der Welt gegenüber. Nicht weil
die Welt schlecht wäre – das wäre dualistisch
und nicht ganzheitlich gedacht – sondern im
Gegenteil: weil es in allem, auch in der Mate-
rie, Gottes Gegenwart zu erahnen gilt. Der

Augenblick des Aufatmens beginnt in uns selber, und in ihm kann ich wahrnehmen, dass ich Teil eines Ganzen bin, wie Simone Weil es sagt: „Man sollte sich mit dem Universum selbst identifizieren." Denn im Wahrnehmen des Augenblicks, in der Entspannung, im Bewahren des Kerns in mir, entsteht die Gelassenheit, die mich mit allem verbindet.

Dieses Innehalten drückt für mich auch eine politische und wirtschaftliche Grundhaltung aus. Es geht dabei um die lebensnotwendige Frage des Maßhaltens, wie Hans Küng es in „Weltethos für Weltpolitik und Weltwirtschaft" überzeugend einfordert: „Wenn das Maximum auch immer schon das Optimum sein soll und das Geldverdienen (Kapitalismus) und Lebengenießen (Hedonismus) zum höchsten Wert geworden sind, dann sind die Harmonie und Stabilität einer Gemeinschaft bedroht, aber auch der Lebenssinn und die Identität des Individuums. Ja, dann ist die Demokratie überhaupt gefährdet durch einen Libertinismus, der die moderne Übertreibung jener ‚liberté' ist, welche der Demokratie ursprünglich zum Durchbruch verholfen hat." Innehalten hat immer mit meinem Atem zu tun. Es hat darum eine politische Dimension, weil der Atem mich nicht nur zu ökologischer Achtsamkeit bewegt, sondern auch zum dankbaren Staunen, wie Hildegard von Bingen sagt:

„Von der Tiefe bis hoch zu den Sternen
überflutet die Liebe das All,
liebend ist sie zugetan allem."

Meine Auszeit, mein Timeout, mein Innehalten – gerade dann, wenn es mir absolut unmöglich erscheint – will mein Leben in solcher Liebe zu allem erneuern lassen. Es ist dies keine Weltflucht, keine Illusion, hat nichts damit zu tun, die Welt nur noch rosarot zu sehen. Innehalten verbindet mich mit meinem inneren Kern und es entsteht Mitgefühl

und eine engagierte Gelassenheit, die zu
höchster Kreativität führt. Sichtbar wird dies
im Wirken der Hildegard von Bingen als Apo-
thekerin, Komponistin, Ärztin, Naturforsche-
rin mit ihrem Lebensmotto: „Pflege das Leben
bis zum äußersten!"
Dahinein gehört natürlich auch die Pflege seiner selbst, des eigenen Leibes, und es gehört
dazu die Erholung und Muße in der Natur, die
eine Kraftquelle ist.

> Gelassen der Mensch
> der sich nicht ausnützen lässt
> weil er sich jeden Tag
> Erholung gönnt
> Er weiß tief innen, dass er
> letztlich nicht durch Leistung
> anerkannt ist
>
> Gelassen der Mensch
> der der Hetze Widerstand leistet
> im Wahrnehmen

des göttlichen Kerns in sich
der ihn mit Schöpfung und Kosmos
verbindet

Gelassen der Mensch
der mitten in der Hektik
die Augen schließt
und hineintaucht in die Wirklichkeit
der liebenden Zuwendung Gottes
in allen Dingen

Gelassen der Mensch
der die Ursache der Spannungen
nicht nur bei den anderen und
in den Strukturen sucht
sondern in sich den Grund findet
um mehr in Einklang mit sich selber zu
leben

# Schritte zu mehr Gelassenheit

## *Meine „Energiefresser" aufdecken*

Sich regelmäßig ein Timeout im Leben zu ermöglichen, dazu braucht es mehr als guten
Willen und Vorsätze. Symptombekämpfung
kann im größten Druck entlastend sein, doch
auf die Länge hilft es nicht. Ich brauche Zugänge zu meinen Lebensmotiven, meiner Le-
benseinstellung, um von den Wurzeln her der
Gefahr des Burnouts zu begegnen. „Radikal"
ist das, wenn man an das lateinische Wort ra-
dix für Wurzel denkt. Meine Wurzeln liegen
u. a. in meinem Charakter, meinem Tempera-
ment und meiner Erziehung, meiner Sozialisation. Diesen Spuren nachzugehen ist ein
mystischer Vorgang, wie ich es beim Mystiker
Johannes Tauler gelernt habe: Zu-Grunde-Ge-
hen ist die Chance, meinem Verhalten auf
den Grund zu gehen – in dem Wissen, dass

dies auch weh tun kann. Es liegt darin die bewusste Entscheidung, mein Leben in die Hand zu nehmen, vertrauend, dass es zuvor immer schon in der Hand Gottes ist. Es bedeutet, mich von lebensbehindernden Grundsätzen zu lösen, die mich zum Stress, zur Unruhe treiben. Gelassen kann ich nur werden, wenn ich mich diesem Bewusstseinsprozess stelle, der sehr hartnäckig sein kann, weil es gar nicht so einfach ist zu entdecken, was mich unnötig Energie kostet. Welche „Antreibersätze" jagen mich durch das Leben?

– Es genügt noch nicht!
– Auf dich allein kommt es an!
– Ich bin schuld!
– Mit gutem Willen kannst du alles!
– Was denken die anderen!
– Tu mir das nicht an!
– Mach es allen recht und enttäusche niemanden!

Diese „Über-Ich-Botschaften", die ich in meiner Sozialisation – von Eltern oder Lehrpersonen – mitbekommen habe, sind aufzudecken. Geerdete Gelassenheit erfahre ich, wenn ich lerne, „nein" zu sagen, mich abzugrenzen, weil auch mein Bestes, das ich gebe, immer begrenzt ist – und sein darf. Das destruktive Lebensdrehbuch ist zu entlarven, indem ich kraftvolle Grundsätze in mir entfalten lasse.

Ich nenne das ein „Alltagsritual": Mitten im Alltag einen Moment innehalten im Stehen, wo immer ich bin, und mich erinnern, dass Gott vor aller Leistung zu mir steht. Es geht mir dabei nicht um ein Einreden oder um billige Vertröstungen, sondern um einen Akt des Widerstandes gegen den Sog der Hektik – einen Akt auch, in dem ich mich besser kennen lernen kann. Denn in der Analyse und Diagnose gehören zu einer ganzheitlichen Spiritualität nicht nur die Sehnsucht nach Aufgehobensein, sondern auch das kritische Hinterfragen.

Gelassen der Mensch
der wagt seinem Verhalten
auf den Grund zu gehen
auch wenn diese Selbsterkenntnis
ernüchternd sein kann
sie ist notwendig
um Gott zu erkennen
in meinem Weg zu mir selber

## Das Gewinner-Verlierer-Spiel durchbrechen

Zu hohe Ansprüche dem Leben gegenüber zu
haben, in konstanter Selbstüberschätzung
Druck gegen sich zu richten: das sind Einstel-
lungen, die die Spannungen im Leben ver-
stärken. Dahinter kann das weit verbreitete
Lebensmotiv des Rechthabenwollens und/
oder des Gewinner-Verlierer-Spiels liegen.
Wenn wir Konflikte so angehen, ist Eskalation
der Gewalt vorprogrammiert. Im Austragen
von Spannungen und Konflikten braucht es
einen dritten Weg, auf dem alle Betroffenen

ihren Anteil erkennen. Konflikte so anzuge-
hen, bedeutet weder zu schlucken noch zu
attackieren, sondern einen gewaltfreien, gelassenen Widerstand zu wagen, wie ihn uns
Jesus vorgelebt hat.

Dieses Ideal der Feindesliebe konkretisiert sich
nur in unserem Alltag, wenn wir in Konflikten
zuerst Distanz schaffen, um uns selber und
auch dem anderen gerecht zu werden. Dazu
braucht es – nicht aus Flucht und Verdrängung
– vorerst den Raum des Durchatmens, um zu
spüren, um was es wirklich geht.

Denn oft wird auf der Sachebene ein Konflikt
in eine Sackgasse geführt, weil es eigentlich
um persönliche Fragen der Wertschätzung,
der mangelnden Anerkennung, der Überforderung, des Misstrauens geht.

Dabei überprüfe ich achtsam, ob ich recht haben will und/oder ob jemand Sieger bzw. Ver-

lierer dieses Konflikts sein muss. Zu seinen Fehlern zu stehen, seinen Schatten benennen zu können, ist kein Zeichen von Schwäche, kein Gesichtsverlust, sondern ein Zeichen von Stärke, von Selbstbewusstsein. Der Humor hilft dabei. Ich kann ihn auch einüben, indem ich mir selber mit Wertschätzung begegne: Weil ich weiß, dass ich wichtig bin, brauche ich mich nicht so wichtig zu nehmen und kann auch über mich und meine Grenzen lachen. Eine bessere Entspannung als ein herzhaftes Lachen gibt es nicht!

Gelassen der Mensch
der sich in den Konflikten nicht verliert
Distanz schafft zu den Ereignissen
um gewaltfrei Widerstand zu wagen
damit die Spirale des Rechthabenwollens
durchbrochen wird
und jeder seinen Anteil sieht und
verändern lässt

## Nicht Leib haben – Leib sein

Die verheerende Trennung zwischen Leib und Seele, zwischen Spiritualität und Sexualität ist längst noch nicht überwunden. Spiritualität geht nicht nur zurück auf das lateinische Wort spiritus, sondern auch auf das Verb spirare, was atmen bedeutet. Mein Atem ist höchst spirituell, weil der heilende Geist Gottes im bewussten Ein- und Ausatmen meine Spannungen löst. Da geschieht ganz konkret die Erfahrung von Erlösung, wie sie im Zentrum des christlichen Glaubens steht. Der Liebhaber des Lebens aus Nazaret löst uns bis heute von der Vorstellung, dauernd leisten zu müssen. Wir haben keinen Leib, sondern wir sind Leib. Darum sagt Augustinus so treffend, was ich in jeder Eucharistiefeier so gerne betone: „Empfangt nicht nur den Leib, seid Leib Christi."
Dies zu erfahren, brauchen wir nicht zu weit zu suchen. In all unseren sportlichen Tätigkeiten können wir uns beim intensiven Spüren

unseres Körpers, unseres Atems, diese Verwurzelung in der Schöpfungsgemeinschaft vergegenwärtigen. Wenn ich mich achtsam meinem Körper zuwende, wende ich mich dem Ganzen zu, denn in ihm spricht meine Seele. Dies habe ich in der Hand- und Fußreflexzonenmassage gelernt. Bei Dehnungs- und Lockerungsübungen kann ich in diese spirituelle Dimension meines Leibes hineinwachsen und echte Gelassenheit erfahren. Qi gong, Tai chi, das gegenseitige Massieren, das Lockern meiner Schultern, das Schütteln meiner Arme, Hände und Beine beleben und beruhigen mich als ganzen Menschen mit Leib-Geist-Seele. In diesem Sinne schrieb der Mystiker Bernhard von Clairvaux in einem Brief an seinen früheren Mönch, Papst Eugen III:

„Es ist viel klüger, Du entziehst Dich von Zeit zu Zeit Deinen Beschäftigungen, als dass sie Dich ziehen und Dich nach und nach an einen Punkt führen, an dem Du nicht landen willst. Du fragst, an welchen Punkt? An den Punkt, wo das Herz hart wird … Du musst also nicht nur für alle anderen, sondern auch für Dich selber ein aufmerksames Herz haben. Denn was würde es Dir sonst nützen, wenn Du – nach dem Wort Jesu (Mt 16,26) – alle gewinnen, aber als einzigen Dich selbst verlieren würdest. Wenn also alle Menschen ein Recht auf Dich haben, dann sei auch Du selbst Mensch, der ein Recht auf sich selbst hat. Warum solltest einzig Du selbst nichts von Dir haben? … Ja, wer mit sich selbst schlecht umgeht, wem kann der gut sein?

Denk also daran: Gönne Dich Dir selbst. Ich sage nicht: tu das immer, ich sage nicht: tu das oft, aber ich sage: tu es immer wieder einmal. Sei wie für alle andern auch für Dich selbst da, oder jedenfalls sei es nach allen andern."[7]

Für mich ist Schwimmen, Joggen, Wandern ein Ausdruck, mich mir selbst zu gönnen. Alle sportlichen Erfahrungen verweisen mich auf die Dankbarkeit dem Schöpfer allen Lebens gegenüber.

An dieser Stelle möchte ich betonen, dass wir auch mehr sind als unser Leib. Zurecht betont der Mystikkenner Josef Sudbrack auch diesen Aspekt: „Ältere Menschen, körperlich Versehrte, Menschen in Ermattung sind dankbar, dass sie mehr sind als nur ihre Leiblichkeit und dass ihre ‚Seele' die Erfahrungen körperlicher Schwere, Trägheit, Hinfälligkeit und damit den Leib als nur-materielle Substanz übersteigt. Eine ‚runde' Spiritualität muss beides wissen: Der Mensch wird über und in seinem Leib erst ein ganzer Mensch; doch die Integration der Leiblichkeit ist letztlich das Ideal vollendeter Seligkeit. Sie wird uns einmal geschenkt werden. Jetzt aber sind wir noch unterwegs dahin."[8]

Gelassen der Mensch
der im Sport sich mit Leib und Seele spürt
und darin den Lebensatem Gottes erfährt
der zu neuer Lebendigkeit bewegt
jeden Tag


## Meditationen zum Gelassenwerden


### *Morgens*


Den Tag mit Schweigen beginnen
dasitzen
dem Fluss des Atems folgen
mir dadurch zu spüren geben
wie ich sein darf
mich mir selbst gönnen
um vor der Arbeit
in die richtige Lebensgrundhaltung
hineinzuwachsen
Kraft zu schöpfen

vor dem Tun
als Akt des Widerstandes
für eine Arbeitswelt
die die Würde des Einzelnen fördert

Den Tag mit Schweigen beginnen
joggen vor der Arbeit
um mich aus der Kraftquelle
der Schöpfung zu ernähren
die Lebensgrundlage ist
für meinen vollen Einsatz
der auch heute von mir gefordert wird

Den Tag mit Schweigen beginnen
miteinander dasitzen
beredtes Schweigen
das erzählt von den
verborgenen Quellen in uns
die fließen werden
wenn wir schon morgens
die Zugänge zu ihnen öffnen
im kraftvollen Mitsein

## *Mittags*

Verabredungen mit der Stille
mit Leuchtstiften
in meine Agenda eintragen
Farbe in meine Termine
hineinbringen
den Leistungsdruck durchbrechen
mir vergegenwärtigen
mich mir selber zu gönnen

Verabredungen mit der Stille
mit anderen treffen
im Nutzen der neuen Orte der Ruhe
die auch in der Schöpfung erfahrbar sind
den angespannten Situationen
einen Ausgleich ermöglichen
im Genießen der Kraft des Augenblicks

Verabredungen der Stille
beharrlich einfordern
im Bewusstsein

auf meine innere Stimme zu hören
die zur Kreativität und Solidarität bewegt
und mich Gottes Hinweis in mir hören
lässt

## *Abends*

Loslassen
mich gehen lassen
mich auf dem Boden ausstrecken
tief ein- und ausatmen

Loslassen
mich entspannen lassen
mich im Nichtstun getragen wissen
Erholung mir schenken lassen

Loslassen
mich verwöhnen lassen
zärtliche Massage genießen
die Ausdruck der Zuwendung Gottes ist

Loslassen
einfach sein dürfen
sich segnen lassen
schlafend den heilenden Geist in mir
weiteratmen lassen

## 6. In Zeiten der Leere
## sich neu füllen lassen

In Zeiten der Leere
nach einer großen Anstrengung
lasse ich meine Müdigkeit zu
und versuche die verschiedenen
Stimmungen
auszuhalten
damit ich mich mit Leib und Seele regene-
rieren kann

In Zeiten der Leere
in denen äußerlich nicht viel geschieht
vertraue ich der Erfahrung der Brachzeit
weil auch im Nichtstun
Wachstum sich entfaltet

In Zeiten der Leere
die sich nach beglückenden Begegnungen
auch in mir ausbreiten kann
versuche ich einfach da zu sein

um den Erfahrungen nochmals
Raum zu geben zum Nachklingen

In Zeiten der Leere
in denen ich auf mich selber
zurückgeworfen bin und
in Berührung komme mit
Enttäuschungen und Gekränktsein
laufe ich nicht weg
sondern nehme meine Gefühle ernst
so kann daraus neue Lebenskraft entstehen

In Zeiten der Leere
nach einem großen Prüfungsdruck
gönne ich meinem Körper Bewegung
und lasse meiner Seele Ruhe
damit diese Seite des Erholens
die zu kurz gekommen ist
ihren Ausgleich findet

## *Die Kraft der Brachzeit wieder entdecken*

Wir Menschen sind Teil der Natur, der Schöpfung und brauchen darum wie sie den Rhythmus der Jahreszeiten. Mit der Industrialisierung haben wir uns von diesem Rhythmus entfernt. Unser gesellschaftliches Zeit- und Lebensgefühl ist geprägt vom „immer mehr". Es sitzt ganz tief in vielen von uns und wir treiben uns gegenseitig an. Von der Sehnsucht nach Anerkennung, Verwandlung und Verwurzelung bleibt dann nur noch die Sucht übrig: immer mehr haben wollen und dadurch immer weniger genießen können. All jene, die dieses hohe Tempo nicht mithalten können, tun sich dann noch schwerer, ihre oft natürliche Begrenzung anzunehmen. Dies ist einer der vielschichtigen Gründe der Depression: sich zu überfordern und doch nicht zu genügen. Ich habe dabei das biblische Motiv der Versklavung in Ägypten vor Augen – es wird aktueller denn je. Eine Versklavung, die auch im Wohlstand da sein kann, ohne dass wir es merken. Die Wohlstandsverwahrlosung von vielen Jugendlichen und die zunehmende versteckte Armut in der westlichen Gesellschaft verweisen auf diesen Zusammenhang. Eine Ungerechtigkeitsstruktur, die die Armen auf der ganzen Welt immer ärmer werden lässt und die Reichen immer reicher – jedoch nicht glücklicher. Auch in diesen komplexen Fragen der heutigen Zeit suche ich die Rückbindung an ähnliche Gefühlslagen und Situationen, um nicht dem Irrtum zu verfallen, unsere Zeit sei besonders schwierig. Eine rabbinische Weisheit etwa sagt:

> „Das eigentliche Exil Israels bestand darin, dass sie es zu ertragen gelernt haben."

Mich fordert das Zitat auf, genau hinzuschauen, Abhängigkeiten wahrzunehmen und zu benennen.

Durch die mystischen Lebenserfahrungen, die Meister Eckhart, Johannes Tauler, Mechthild von Magdeburg, Johannes vom Kreuz und Teresa von Avila weitergegeben haben, habe ich entdeckt und gelernt, dass Leere nicht nur ein Ausgelaugtsein bedeuten muss. Vielmehr sie die eigentliche Grundbedingung, um sich erfüllen zu lassen – von Christus erfüllen zu lassen, wie die christliche Tradition es nennt. Je leerer ich werde, umso mehr kann die Christuskraft in mir wirken, mich verwandeln, mich inspirieren, mich zu solidarischer Kreativität bewegen.

Es braucht also Zeiten der Leere, Sabbat in meinem Wochenrhythmus, Brachzeit in meinem Jahresrhythmus.

Dabei ist der Rhythmus der Schöpfung für mich der Lernort, an dem ich Innehalten und Umkehr einübe, jeden Tag neu. Im Winter nimmt die Natur ihre ganze Kraft zurück, weil sie im Sterbeprozess darauf vertraut, im Frühling ihre Grünkraft allem wieder zur Verfügung zu stellen. Das Nichtstun der Natur ist Voraussetzung für höchste Aktivität. Dies wahrzunehmen hilft mir, die Zeiten der Stille und der Leere sogar als Verpflichtung zu sehen, um mir, den anderen, der Beziehung zur Schöpfung und in alledem Gott gerecht zu werden. Wenn ich mir das längerfristig schuldig bleibe, entfremde ich mich von meinem Lebensauftrag. Wer nicht die Kraft der Brachzeit genießen kann, wird ungenießbar.

Die Leere kann mich auch nach einem geglückten, intensiven Arbeiten einholen. Von dieser wichtigen Lebenserkenntnis spricht auch Charlotte Kerr. Die Frau Friedrich Dürrenmatts hat sich acht Jahre lang eingesetzt, in Neuchâtel in der Schweiz ein Centre Dürrenmatt zu realisieren. Eine Woche vor seiner Eröffnung sagte sie: „Es ist wie früher nach einer Premiere; man ist glücklich, und man hockt in einem Loch. Man ist leer. Ich empfinde eine Mischung von Freude an etwas, das jetzt, nach acht Jahren, fürs Publikum geöffnet wird, und von Abgelöstsein, von totalem Abgelöstsein. Das Centre geht jetzt seinen eigenen Weg. Das ist wahrscheinlich so wie bei einem Kind, das erwachsen wird: Man muss es loslassen ..."[9]. Das Wissen um diese Erfahrung hilft, damit auch sie fruchtbar gemacht werden kann.

Ein anderes Bild für die Kraft der Leere oder der Brachzeit ist das Bild der Nacht. In allen Kulturen und Religionen wird die Nacht, das Dunkel, von unzähligen Dichterinnen und Dichtern als Weg zum Sein besungen. Bei Rainer Maria Rilke klingt das so:

> Du Dunkelheit, aus der ich stamme,
> ich liebe dich mehr als die Flamme,
> welche die Welt begrenzt,
> indem sie glänzt
> für irgend einen Kreis,
> aus dem heraus kein Wesen von ihr weiß.

Aber die Dunkelheit hält alles an sich:
Gestalten und Flammen, Tiere und mich,
wie sie's erschafft,
Menschen und Mächte –

Und es kann sein: eine große Kraft
rührt sich in meiner Nachbarschaft.

Ich glaube an Nächte.[10]

Der Brachzeit, der Kraft der Nacht zu vertrauen, heißt zum Beispiel, sich befreien zu lassen vom Fernsehen, das uns Abend für Abend die Zeit nimmt, die wir dann nicht haben, um ruhig zu werden, um leer zu werden nach einem erfüllten Tag. Ein solches Fasten, Entschlacken und Loslassen von Überflüssigem ist dringend notwendig; aus ihm heraus kommt unser Licht stärker zum Leuchten, kommen unsere Gaben zur Entfaltung!

Gelassen der Mensch
der sich Brachzeit gönnt
weil er Teil der Schöpfung ist
und dem daraus neue Kraft zum Leben
erwächst

Gelassen der Mensch
der der Kraft der Leere traut
die es ermöglicht Erlebnisse zu vertiefen
Schwieriges loszulassen
sich von Gott neu erfüllen zu lassen

Gelassen der Mensch
der das Geheimnis der Nacht entdeckt
das ihn ins richtige Lot bringt
und die Verbundenheit mit allem spüren
lässt

Gelassen der Mensch
der die Zwischenzeiten im Leben nutzt
weil im bewussten Nichtstun
höchste Aktivität vorbereitet wird

Gelassen der Mensch
der Widerstand leistet
damit die Versklavung des Menschen
durchbrochen wird
und menschenwürdiges Arbeiten
verwirklicht wird

Gelassen der Mensch
der sich lassen kann
im Ruhen und Erholen
er wird beziehungsfähiger
und kann mit anderen das Leben genießen

## Schritte zu mehr Gelassenheit

### Umgang mit meinen durchkreuzten Hoffnungen

Oft ist es mein Körper, der mir meine Grenzen aufzeigt, meine Pläne – viel zu arbeiten und alles zu schaffen – durchkreuzt. Oft ist es die

Krankheit, die mich innehalten lässt. Schöpfungszentrierter leben heißt für mich darum, körperorientierter, leibzentrierter leben. Und das Kreuz ist in meinem Leib angelegt. Hildegard Marcus sagt es eindrücklich: „Die Meditation des Kreuzes zielt auf die bewusste Wiedergewinnung der ‚aufrechten Haltung‘ des Menschen, denn das Kreuz ist sein leibliches und, da sich der Geist im Leib abbildet, auch sein geistiges Richtmaß. Die senkrechte Wirbelsäule wird durchkreuzt durch den Schultergürtel und ist verankert im Beckenkreuz bzw. in den Fußsohlen. Verbunden sind Schulter- und Beckenkreuz durch den schwingenden Bogen des Rückgrates … Durch die meditative, körperlich-geistige Vergegenwärtigung des Kreuzssymbols wird der Mensch zum Kreuz und niemals dadurch, dass er irgendein Kreuz nachahmt! Vielmehr: es geht ihm seine Kreuzstruktur spürbar auf, er wird sich ihrer in seinen äußeren und inneren Wahrnehmungen mehr und mehr bewusst."[11]

Gesundheit wird zur spirituellen Aufgabe, wenn ich lerne, ja zu sagen zu meinem Kreuz, zu meinen alltäglich durchkreuzten Plänen, um so aus Liebe zum Leben auch nein sagen zu können. Oft wird dies zum Akt des Widerstandes in unserer Gesellschaft, die Berufstätige immer mehr ausnützt, „verheizt". Unser System wird gestützt durch Menschen, die sich ausnützen lassen, die ihre Grenzen nicht anmelden. Und natürlich hat dies massive lebensverhindernde Konsequenzen für den Privatbereich, die Familie, die Partnerschaft, die Kinder, den Freundeskreis. Umdenken und Veränderung müssen bei mir beginnen. Ich kenne aus eigener Erfahrung, was es heißt, von anderen Unterstützung zu erwarten, auch wenn ich innerlich gar nicht bereit bin, mir helfen zu lassen bzw. eine Reduzierung der Arbeit gar nicht wirklich will!

Um nicht ein Leben lang zu warten, bis mir ideale Bedingungen geschaffen werden, beginne ich bei mir selber im Entfalten eines neuen Umganges mit meinem Körper. Denn was im Kopf längst klar ist, braucht Jahre, um in meinem ganzen Leibsein, in meinen Gefühlen, in meiner Seele sein zu dürfen.

Mir Brachzeit zu gönnen, die sich zum Wohle aller erweisen wird, ist eine wichtige Erfahrung auf diesem Verwandlungsweg. Auch das Fasten gehört dazu, denn nach der Umstellung ab dem dritten Tag erfahre ich eine Kreativität und Leichtigkeit, aus der ich noch lange schöpfen kann.

Gelassen der Mensch
der keinen Leib hat
sondern Leib ist und
durch all seine Organe
das dankbare Staunen dem
Schöpfer gegenüber erlebt

## Sich Zeit zum Nachklingen-lassen nehmen

„Kommt, alles ist bereit!", heißt es in einem Gleichnis
Jesu im Neuen Testament. Es ist eine Einladung zum Hochzeitsmahl (Lukas 14,17). Diese Worte strahlen die Gelassenheit aus, dass das Wesentliche schon da ist. Die Antworten all meiner Fragen sind in mir. Das Leben ist mir geschenkt. Ich werde es mir nie erleisten können. Meine Aufgabe liegt darin, die Einladung anzunehmen. Die Einladung der tiefen Lebenskraft in mir, der Christuskraft als Quelle des Lebens in mir, erfolgt täglich – sie erfolgt jede Sekunde meines Lebens an mich. Mit dieser Einladung zu rechnen, auf sie zu hören, ihr Raum zu verschaffen, ihr eine Priorität im Leben einzuräumen, gehört zum Zentrum eines spirituellen Weges der engagierten Gelassenheit. Ich gehe diesen Weg Schritt für Schritt, indem ich mir den Tag hindurch, morgens, mittags, abends, am Wochenende Zeit

nehme, um nachklingen zu lassen, was ich erlebt habe. Denn in meiner Lebenslust, meinen Enttäuschungen, meinen Visionen, meiner Unzufriedenheit höre ich die Worte Jesu: „Es ist alles bereit!" In diesem achtsamen Verweilen, im Ernstnehmen der Gegenwart gestalte ich aktiv und verantwortungsvoll an meiner und an einer menschlicheren Zukunft. Die Tiefe meiner Erfahrungen entdecke ich, wenn ich verweile, wenn ich anders sehe und wahrnehme. Anthony de Mello zeigt es in einer wunderbaren Geschichte auf, sie heißt „Heimkehr":

„Es gibt drei Stufen in der geistigen Entwicklung eines Menschen", sagte der Meister.
„Die sinnliche, die geistige und die göttliche."
„Was versteht man unter der sinnlichen Stufe?" fragten die interessierten Schüler.
„Das ist die Stufe, auf der Bäume als Bäume und Berge als Berge angesehen werden."
„Und die geistige?"

„Auf ihr sieht man tiefer in die Dinge hinein, dann sind Bäume nicht mehr Bäume und Berge nicht mehr länger Berge."
„Und die göttliche?" – „Nun, das ist die Erleuchtung", sagte der Meister mit leisem Lachen, „wenn die Bäume wieder zu Bäumen und Berge wieder zu Bergen werden."[12]

Diese Erleuchtung, dieses leise Lachen, wünsche ich uns im Entdecken des Wunderbaren im Alltäglichen. Es geschieht, wenn ich die Erwartung einer großen Erleuchtung durchbreche, wenn ich das große Wunder wahrnehme, das sich ereignet im Nachwirkenlassen meiner Erfahrungen.

> Gelassen der Mensch
> der nicht zu weit sucht
> der im Alltäglichen
> dankbar staunt über die
> wunderbaren Vertrauenszeichen
> Gottes in dieser Welt

*Bewegung und Gebärden wagen*

Mich dehnen und strecken und gerade dasitzen, meinen Rücken entspannen lassen, die
Schultern lockern sind für mich nicht nur lebensnotwendige Körperübungen, die ich min-
destens einmal pro Stunde tue, sondern Ausdruck eines ganzheitlichen Betens. Beten heißt
für mich nicht Gott zu erreichen, sondern aufatmen, dass ich schon in ihm bin, er neben,
unter, über, in mir ist, mich ganz umgibt.
Dieses Bewusstsein hat mich dazu geführt, in
meinem Buch „Heilende Momente" Gebärden zu Musik zu entfalten, die ich alleine
oder beim Gottesdienstfeiern mit andern gestalten kann. Dabei werde ich transparenter,
durchsichtiger für das Göttliche. Ich führe
dieses befreiende Aufatmen weiter beim Spazierengehen, indem ich die Arme himmelwärts ausstrecke, mit ihnen kreise, eine
Schöpfbewegung ausführe. Die Kraftquellen
sind da, es liegt an uns, sie noch mehr zu nut-

zen. Auch darin entfaltet sich innere Freiheit: nicht im Außen bei den
andern zu sein, sondern das zu tun, was mir gut tut, auch wenn die andern mir mit einem Lächeln begegnen. Was gibt es Schöneres, als wenn ich zu einem Lächeln beitrage!

Ich sehe auch diese persönlichen Bewegungen in einem größeren Zusammenhang, im Mitgestalten an einer Kultur der Bewegung, der Spontaneität. Unsere Kultur „erlaubt" uns so wenig Bewegung. Bei Fußballspielen ist es erlaubt, aufzuspringen, zu jubeln, zu klatschen, zu schreien – im Stadion umarmen sogar Männer einander fest. Warum diese Grundbedürfnisse, die wir bei jedem Kind sehen, auf die Nische des Fußballfeldes reduzieren?

Auch in unseren Gottesdienstfeiern soll der Wunsch nach Gottes- und Menschenliebe erlebbar sein. Das ist nichts Neues, sondern das Ernstnehmen des zentralen Gebetes der jüdischen Tradition, des „Höre Israel": Jeder

Mensch ist aufgerufen, Gott von ganzem Herzen, von ganzer Seele und aller Kraft zu lieben. Wenn ich deshalb sage, dass Gott in der Disco hautnah anzutreffen ist, löse ich oft Erstaunen aus. Dabei ist die Körpersprache natürlicher Ausdruck unseres Inneren, wie die Tänzerin Doris Humphrey es darstellt: „Nichts offenbart so klar und unausweichlich das Innere einer Person wie Bewegung und Gestik. Wenn jemand will, kann er sich hinter menschlichen Ausdrucksformen wie Worten oder Bildern oder Skulpturen verbergen und verstecken. Aber in dem Moment, wo er sich bewegt, steht er unverhüllt da, als der, der er ist – ob es ihm passt oder nicht." [13]

Masken fallen lassen, unverhüllter dasein können, Gebärden, Tanz, Bewegung sind Schritte auf dem Weg zu mehr Gelassenheit.

Gelassen der Mensch
der mit ganzer Lebenskraft
sich bewegt und tanzt
und andere zum Tanz der
Lebensfreude und Solidarität bewegt
darin umarmt uns Gott


## Meditationen zum Gelassenwerden


### *Morgens*


Beim Erwachen
mich erinnern
dass Gott Zärtlichkeit ist
erfahrbar in all den Berührungen
dieses Tages

Beim Erwachen
in mir vergegenwärtigen
wie mein Atmen

mir Leerraum ermöglicht
um loszulassen und
mich neu erfüllen zu lassen

Beim Erwachen
vor dem Tun
mit einer tiefen Verneigung
dem Leben danken
damit daraus die Kraft wächst
dem Schmerzvollen nicht auszuweichen

Beim Erwachen
vor allen Ansprüchen
den Zuspruch Gottes in mir hören
sein dürfen
um daraus voll Engagement
meinen Tag gestalten zu können

Beim Erwachen
Auferstehung erahnen
in der Verbundenheit mit all
den Frauen und Männern

die heute auf der ganzen Welt
für mehr Frieden in Gerechtigkeit
aufstehen

## *Mittags*

Meinem Tag
eine verwandelnde Richtung geben
im Entdecken
wie ein Leerraum des Innehaltens
mich nährt und stärkt

Meinem Tag
eine vertiefende Ausrichtung schenken
im Wahrnehmen
der Möglichkeit mich zu bewegen
um unnötigen Druck abzuschütteln

Meinem Tag
eine wohltuende Wende ermöglichen
beim tiefen Ein- und Ausatmen in der Natur
die auch mitten in der Stadt erfahrbar ist

Meinem Tag
eine erlösende Achtsamkeit schenken
im Gönnen einer Brachzeit
in der Mittagspause
die ich mir mit beharrlicher Geduld
auch mit anderen schaffen kann

Meinem Tag
trotz vieler ungelöster Fragen
einen Moment zulächeln
darin das Lächeln Gottes entdecken

### Abends

Die Kraft der Leere feiern
im Aushalten der Unruhe
die nur Durchgang ist
um meinem Leben
Tiefgang zu ermöglichen

Die Kraft der Brachzeit feiern
im schweigenden Zusammensein
am Feuer
beim Wasser
zwischen Erde und Himmel
Brot und Wein teilen

Die Kraft des Sabbats feiern
all die belastenden Fragen
nicht verdrängen
sondern sie Gott überlassen
der meinem Tagewerk zusagt:
Und es ist gut so!

Mich gehen lassen
im Genießen der erotischen Lebenskraft
die schöpferische Kraft Gottes erfahren
die uns in wunderbaren Begegnungen
tiefe Gelassenheit spüren lässt

# Anmerkungen

1     Meister Eckehart, Deutsche Predigten und Traktate, Diogenes, Zürich 1979, 56.

2     C. G. Jung, Mensch und Seele, hrsg. von Jolande Jacobi, Walter, Olten 1971, 49.

3     Erich Fromm, Haben oder Sein, Die seelischen Grundlagen einer neuen Gesellschaft, Deutsche Verlags-Anstalt, Stuttgart 1976, 29.

4     Ebd. 65 und 69.

5     Hubertus Halbfas, Der Sprung in den Brunnen, Eine Gebetsschule, Patmos, Düsseldorf 1996, 16.

6     G. Jung, Psychologische Typen, Gesammelte Werke Nr. 6, Walter, Olten 1986, 262.

7     Bernhard von Clairvaux, herausgegeben, eingeleitet und übersetzt von Bernardin Schellenberger, Walter, Olten 1982, 74–76.

8     Josef Sudbrack, Gottes Geist ist konkret. Spiritualität im christlichen Kontext, Echter, Würzburg 1999, 353.

9     Sonntagszeitung, Zürich, 17.9.2000, 27.

10    Rainer Maria Rilke, Das Stundenbuch. Vom mönchischen Leben, in: Werke in drei Bänden, Band 1, Zürich 1966, 15.

11    Hildegard Marcus, Spiritualität und Körper. Gestaltfinden durch Ursymbole, Benno, Leipzig 1998, 72–73.

12    Anthony de Mello, Eine Minute Weisheit, Herder spektrum 4569, Freiburg i. Br. 1997, 31–32.

13    Zitiert in: Jose V. Quilonguilong, Mit dem Körper beten. Anregungen zu einem ganzheitlichen Gebet, Claudius, München 1998, 13. Vgl. meine Anleitungen zu Gebärden in: Pierre Stutz, Heilende Momente für die Seele, Herder, Freiburg i. Br. 2008.

# Weiterführende Bücher von
# Pierre Stutz

50 Rituale für die Seele. Herder, Freiburg i. Br. 2009 (2001)

Atempausen für die Seele. Herder, Freiburg i. Br. 2008 (2004)

Sei gut mit deiner Seele. Herder, Freiburg i. Br. 2009 (2006)

Die Lebendigkeit der Seele entdecken. Herder, Freiburg i. Br. 2007

Heilende Momente für die Seele. Herder, Freiburg i. Br. 2008

Zeit des Wachsens – Zeit des Reifens. Leben im Rhythmus der Jahreszeiten. Herder, Freiburg i. Br. 2007

Ein Stück Himmel im Alltag. Sieben Schritte zu mehr Lebendigkeit. Herder, Freiburg i. Br. 2008

Pierre Stutz, Theologe, spiritueller Begleiter, Autor vieler erfolgreicher Bücher (www.pierrestutz.ch) zu einer Spiritualität im Alltag.
Ausbildung im Sozialtherapeutischen Rollenspiel, Mitredakteur der spirituellen Fotozeitschrift ferment, rege Kurs- und Vortragstätigkeit im ganzen deutschsprachigen Raum, lebt in Lausanne.